2012年度教育部人文社会科学研究青年基金项目12YJC630257资助
2011年国家软科学研究计划项目2011GXQ4D034资助

基于合作竞争的
网络组织演化及实证研究

Theoretical and Empirical Research on Evolution of Network Organization Based on Co-opetition

闫 莹 著

·北京·

图书在版编目（CIP）数据

基于合作竞争的网络组织演化及实证研究 / 闫莹著. —北京：科学技术文献出版社，2017.9
ISBN 978-7-5189-3200-9

Ⅰ.①基… Ⅱ.①闫… Ⅲ.①企业管理—组织管理学—研究 Ⅳ.① F272.9

中国版本图书馆 CIP 数据核字（2017）第 190964 号

基于合作竞争的网络组织演化及实证研究

策划编辑：周国臻	责任编辑：宋红梅	责任校对：张吲哚	责任出版：张志平

出 版 者	科学技术文献出版社
地 址	北京市复兴路15号　邮编 100038
编 务 部	（010）58882938，58882087（传真）
发 行 部	（010）58882868，58882874（传真）
邮 购 部	（010）58882873
官 方 网 址	www.stdp.com.cn
发 行 者	科学技术文献出版社发行　全国各地新华书店经销
印 刷 者	虎彩印艺股份有限公司
版 次	2017年9月第1版　2017年9月第1次印刷
开 本	710×1000　1/16
字 数	184千
印 张	10.5
书 号	ISBN 978-7-5189-3200-9
定 价	49.00元

版权所有　违法必究

购买本社图书，凡字迹不清、缺页、倒页、脱页者，本社发行部负责调换

前　　言

20世纪80年代以来，越来越多处于不确定性日益突出的全球化竞争环境中的企业，认识到仅仅依靠自己的资源和能力不足以适应环境的巨大变化。随之完全竞争的观念被合作竞争的观念所取代，企业在竞争的基础上寻求广泛的合作，呈现出网络化的发展特点，由此网络组织应运而生。当前，这些具有柔性组织结构的产业集群、战略联盟、供应链、虚拟企业等网络组织，在现实经济实践中扮演着越来越重要的角色。作为与竞争对手合作而创造价值的战略，合作竞争正成为网络组织研究者们关注的一种新的竞争理念和模式。竞合是竞争与合作的有机结合，而获得竞争优势的合作才是最有意义的竞合。鉴于此，本书基于合作竞争思想，从网络组织演化的复杂性入手，探讨了网络组织演化的动力机制及获取竞争优势的途径，并进行了一些实证分析。

第一，构建了二维竞合战略框架，该框架不仅表示了合作竞争共存的各种状态，而且以竞合均衡为界确定了合作主导型竞合和竞争主导型竞合两种战略，为本研究奠定了研究基础。

第二，基于突变理论构建了组织演化势能模型和网络组织运行轨道模型，明确了网络组织演化的复杂性特征，重新界定了网络组织为一种由多个独立实体（该实体具有主动性和适应性）在竞合共同作用下组成的具有网络结构和复杂演化特征的组织系统。

第三，构建了网络组织演化的动力学模型，通过稳定性理论分析和软件模拟，得到了：①合作竞争是网络组织形成的动力；

②网络组织的演化趋势还与资源限制下成员的最大规模有关。说明网络组织的形成需要通过加强网络组织中成员的有效合作或者减少不利竞争；要发挥网络组织的群体优势，成员间要资源互补，使得有限资源下的网络组织成员获得更大的发展。

第四，利用 NetLogo 平台建立的复杂适应系统模型，仿真了网络组织成员竞合战略选择的过程；根据"涌现"现象机制，提出了由历史信息、认知能力和环境共同作用的合作意愿调整网络组织成员竞合发展战略。

第五，构建了合作意愿在网络组织成员获取竞争优势中作用机制的理论模型。采用结构方程模型（structure equation modeling，SEM）实证分析得到：发挥网络组织成员主观能动性从提高历史信任感知、联盟需求和收益预期来提高合作意愿，通过加强网络关系强度、组织学习和技术创新的中介作用，将能更好地提升其竞争优势。

第六，本书以山西省 150 家企业数据为基础，通过构建结构方程模型对网络能力、知识获取对企业技术创新的影响机制进行了实证分析，结果表明：网络能力三维度对知识获取均有显著正向影响；知识获取对企业技术创新具有显著的正向影响；网络能力中的网络构建能力和网络利用能力对企业技术创新具有显著正向影响。

在撰写本书的过程中，笔者一方面在查阅相关资料后，深入企业等相关单位进行调查访问，掌握一手资料；另一方面，与国内外专家研讨交流，进行思维碰撞。在此感谢天津大学管理与经济学部李敏强教授的指导，感谢中北大学经济与管理学院赵公民教授的帮助。

前　言

本书是 2012 年度教育部人文社会科学研究青年基金项目（12YJC630257）和 2011 年国家软科学研究计划项目（2011GXQ4D034）研究成果的集成。在撰写过程中得到了中北大学经济与管理学院各位领导的大力支持和帮助，在此表示衷心感谢！同时感谢科学技术文献出版社在本书编辑出版过程中给予的帮助。此外，本书参考了近年来国内外网络组织研究领域的最新成果，因篇幅所限，在此不再一一列举，谨向相关专家与学者致以谢意！

由于作者水平有限，书中难免存在疏漏和不足，敬请各位专家和读者批评指正。

目 录

第一章 绪论 ··· 1

1.1 研究背景及意义 ·· 1
　1.1.1 研究背景 ··· 1
　1.1.2 研究意义 ··· 3
1.2 概念界定 ··· 4
　1.2.1 网络组织 ··· 4
　1.2.2 合作竞争 ··· 8
　1.2.3 演化 ··· 9
1.3 研究现状 ··· 9
　1.3.1 网络组织演化的研究现状 ·································· 10
　1.3.2 基于合作竞争的网络组织演化研究现状 ··············· 12
　1.3.3 总结 ·· 15
1.4 本项研究的主要工作 ··· 16
　1.4.1 内容简介 ·· 16
　1.4.2 研究方法与技术 ·· 18
　1.4.3 创新点 ··· 20

第二章 相关基础理论 ·· 22

2.1 组织理论 ·· 22
2.2 合作竞争理论 ·· 25
　2.2.1 竞争 ·· 25
　2.2.2 合作 ·· 27
　2.2.3 合作竞争 ··· 29
2.3 演化理论 ·· 33
　2.3.1 组织生态理论 ··· 33

  2.3.2 演化经济理论 ·· 34
  2.3.3 演化博弈论 ·· 35
  2.3.4 复杂系统演化论 ·· 36
 2.4 本章小结 ·· 38

第三章 网络组织演化的复杂性 ·· 39

 3.1 突变理论 ·· 39
 3.2 组织演化势能模型 ·· 41
 3.3 网络组织演化途径及复杂性 ·· 44
  3.3.1 网络组织演化途径分析 ·· 44
  3.3.2 网络组织演化途径的复杂性 ·· 45
 3.4 网络组织演化时间的复杂性 ·· 48
  3.4.1 网络组织运行轨道模型 ·· 48
  3.4.2 网络组织演化时间的复杂性 ·· 49
 3.5 网络组织的重新界定 ·· 51
 3.6 本章小结 ·· 52

第四章 网络组织演化的动力学分析 ·· 54

 4.1 网络组织演化的动力学模型 ·· 54
 4.2 模型稳定性分析与演化模拟 ·· 55
  4.2.1 模型稳定性分析 ·· 55
  4.2.2 网络组织的演化模拟 ·· 57
 4.3 讨论 ·· 59
 4.4 模型应用研究 ·· 61
  4.4.1 两企业模型应用分析 ·· 61
  4.4.2 三企业模型应用分析 ·· 65
 4.5 本章小结 ·· 68

第五章 网络组织成员竞合战略选择和调整 ·· 69

 5.1 复杂适应系统 ·· 69
  5.1.1 核心思想 ·· 69
  5.1.2 仿真软件 ·· 70

5.2 网络组织成员竞合战略选择仿真模型 …………………………… 72
  5.2.1 模型思想 ……………………………………………………… 72
  5.2.2 模型构建 ……………………………………………………… 73
  5.2.3 仿真结果 ……………………………………………………… 74
5.3 网络组织成员竞合战略调整 ……………………………………… 77
  5.3.1 二维竞合战略调整路线 ……………………………………… 77
  5.3.2 基于合作意愿的竞合战略调整 ……………………………… 78
5.4 本章小结 …………………………………………………………… 81

第六章 合作意愿在网络组织成员获取竞争优势中作用的实证研究 …… 82

6.1 模型与假设 ………………………………………………………… 83
  6.1.1 合作意愿和网络关系强度 …………………………………… 83
  6.1.2 合作意愿和组织学习 ………………………………………… 85
  6.1.3 合作意愿和技术创新 ………………………………………… 87
  6.1.4 合作意愿和竞争优势 ………………………………………… 89
  6.1.5 其他关系假设 ………………………………………………… 90
  6.1.6 理论模型 ……………………………………………………… 92
6.2 研究方法 …………………………………………………………… 93
  6.2.1 变量设置 ……………………………………………………… 93
  6.2.2 设计问卷 ……………………………………………………… 99
  6.2.3 数据收集与描述 ……………………………………………… 100
  6.2.4 分析方法 ……………………………………………………… 102
6.3 数据分析 …………………………………………………………… 105
  6.3.1 描述性统计分析 ……………………………………………… 105
  6.3.2 信度检验 ……………………………………………………… 106
  6.3.3 效度检验 ……………………………………………………… 107
6.4 结构方程模型分析 ………………………………………………… 108
  6.4.1 模型设定 ……………………………………………………… 108
  6.4.2 模型拟合 ……………………………………………………… 109
  6.4.3 模型评价 ……………………………………………………… 109
  6.4.4 模型修正 ……………………………………………………… 110
  6.4.5 假设验证 ……………………………………………………… 111

  6.4.6 模型解释 …………………………………………………… 113
 6.5 研究结论与意义 ………………………………………………… 114
  6.5.1 结论 ………………………………………………………… 114
  6.5.2 实践意义 …………………………………………………… 115

第七章 网络能力对企业技术创新影响的实证研究 ………………… 117
 7.1 研究假设 ………………………………………………………… 118
  7.1.1 相关理论基础 ……………………………………………… 119
  7.1.2 网络能力与技术创新 ……………………………………… 121
  7.1.3 网络能力与知识获取 ……………………………………… 122
  7.1.4 知识获取与企业技术创新 ………………………………… 123
 7.2 研究设计 ………………………………………………………… 124
  7.2.1 数据收集 …………………………………………………… 124
  7.2.2 变量测量 …………………………………………………… 124
 7.3 研究结果 ………………………………………………………… 125
  7.3.1 信度和效度分析 …………………………………………… 125
  7.3.2 假设检验与分析 …………………………………………… 127
 7.4 结论与启示 ……………………………………………………… 129
  7.4.1 结论 ………………………………………………………… 129
  7.4.2 管理启示 …………………………………………………… 130

第八章 总结与展望 ……………………………………………………… 131
 8.1 总结 ……………………………………………………………… 131
 8.2 展望 ……………………………………………………………… 133

参考文献 …………………………………………………………………… 134
附录 调查问卷 …………………………………………………………… 152
后记 ………………………………………………………………………… 157

第一章 绪 论

本章首先阐述了本研究工作的背景和意义；在对网络组织、合作竞争和演化概念界定的基础上，综述了网络组织演化的研究现状；最后，在本研究构建的逻辑框架指引下，介绍了本项研究所完成的主要工作，包括内容简介、研究方法与技术和创新点。

1.1 研究背景及意义

1.1.1 研究背景

20世纪80年代以来，世界进入后工业化和信息化时代，信息技术革命对社会资源配置、企业运营和竞争方式及全球市场经济格局等都产生了重大而深刻的影响。身处动态复杂性的超强竞争环境之中的企业，面临的竞争对手不再局限于所处的产业内，技术相关产业内的领先企业很可能随时通过技术的交叉渗透而进入本产业，成为强有力的竞争对手，甚至一跃成为本产业内的领先者；企业昨天还赖以生存和实现巨大收益的竞争优势，可能在今天就被竞争对手摧毁并超越。竞争环境的持续动态发展、企业之间竞争程度的加剧，以及创新活动成本及风险水平的急剧增加，使企业已经认识到自身很难再同时拥有各种战略行为所需的全部资源和能力。为了更加有效率地开展组织活动并推进战略实施，企业之间开始出现了相互合作的现象。20世纪90年代以来，企业间各种战略合作每年以超过25%的速度增长[1]，日本60%以上的企业高度依赖于外部的技术资源[2]，澳大利亚的企业半数研发资源投于外部[3]，欧共体的创新调查也显示，只有很少的企业或组织单独进行创新，大部分的创新项目是由多个组织共同协作来完成的[4]。管理大师彼得·德鲁克（1995）说："工商业正在发生的最伟大变革，不是以所有权为基础的企业关系的出现，而是以合作伙伴关系为基础的企业关系的加速增长。"

特别是在信息网络技术的支撑下，企业组织的模式正在酝酿着根本性的变革，这就是网络化的新趋势[5]。由此，企业组织存在的目的、价值、方式也需要进行相应的改变，从只关心自身利益到关注组织的社会、生态、环境价值，从只关心组织拥有者利益到关心所有相关者的利益，从只注重整合资源、追求效率和利益到挖掘潜力、协作创新、塑造"不可复制的优势"。正如著名管理学家彼得·德鲁克在《未来的组织》一书的引言"迈向新组织"中所言："我们正在迈向网络社会而非雇员社会""我们正迅速迈向新企业组织"[6]。网络组织作为一种现代企业组织形式的创新，是一种适应超竞争环境、信息经济与组织柔性要求的新型组织模式，已经成为企业提升竞争优势的重要手段，对它的研究也已成为管理领域的重要课题。

作为信息技术革命和组织变革的产物，网络组织是一个由活性网络结点构成的有机组织系统。信息流驱动网络组织的运作，网络组织协议保证网络组织的正常运转，网络组织通过重组的办法适应外部环境，通过成员间的协作和创新实现网络组织总目标[7]。它突破了长期以来进行组织创新时只注重组织内部结构调整的思维定式，它将企业的经济活动放到更加现实和更为广阔的背景下来探讨企业间相互联结的网络安排模式及其运作机制。

网络组织的迅速发展及被视为在长期合作过程中提升参与者竞争能力重要途径的合作与竞争的制衡问题引起管理人员和理论界的关注。1996年Brandenburger和Nalebuff合著的《Co-opetition》一书问世，管理学界逐渐展开了对该领域的研究。至今，这一课题正在发展成为网络组织研究领域一个重要焦点。正如Bengtsson和Kock（2000）在其探索性研究中所指出的，竞合关系的复杂性在于它是由竞争与合作这两种截然不同并相互矛盾的逻辑原理交互作用而形成的[8]。这表明竞合关系与单纯的竞争或合作范式是存在本质区别的，而且其在网络组织柔性结构中的作用也更为复杂。

网络组织被誉为是21世纪有效率的组织模式[5]，网络组织不仅能够帮助单个企业实现资源外取，成员之间资源共享，整体进行新资源与再生资源的开发，而且在快速提高行业地位、形成规模经济、扩展企业边界、分担投资、分散风险、市场准入方面有独特的优势。从经济角度看，一方面，分工更加细密，从产品专业化到零部件专业化，再到工艺流程的专业化；另一方面，分工的领域和范围更加广泛，各个生产工序已延伸到几个、几十个国家和地区，形成国家与国家之间、地区与地区之间的生产、流通、消费相互依赖和协作的关系，这些有赖于网络组织的强大网络支撑体系；从技术角度看，由于产品生命周期大大缩短，促使技术创新速度加快；而创新产品商业化的不确定性，增加技术创新的风险与投资；由于技术的相互渗透，则进一步提升了技术创新的复杂性。这样的技术特征迫使企业联合起来，共同研究新技术、共同开发新产品、共同承担风险与费用。因此，只有协调好伙伴间不完全一致的利益追求、处理好竞争与合作的对立关系，才能够借助竞合策略创造独特的竞争优势。

竞争与合作相统一的协同竞争已成为企业网络竞争战略发展的必然趋势[9]。自网络组织产生以来，发展迅速。但是当前，以产业集群为典型的网络组织出现了大而不强的现象。那么合作竞争对网络组织的产生或发展存在什么影响，而网络组织成员如何利用竞合获得竞争优势？这是本研究选择竞合理论作为研究网络组织演化研究视角的初衷。显然，该初衷源于现实中的考虑。

网络组织的研究曾被国家自然科学基金委管理科学部列为管理科学与工程学科"十五"期间（2001—2005 年）优先资助的领域[7]。研究网络组织，可以从更高的层次、更新的角度认识组织的生存发展问题，明确组织存在的作用与价值，深刻理解合作生存的思想理念[7]。由于竞合策略被引入管理研究领域的时间较短，从竞合思想出发来分析网络组织演化是目前理论界的一个薄弱环节，但竞合理论的引入将我们带入了一个研究网络组织问题的广阔视野。本书选取竞合视角，应用复杂性科学方法研究网络组织演化和发展问题，希望能在这方面做一些有意义的工作。

1.1.2 研究意义

本项研究的成果，不仅可以将网络组织演化的研究引向深入，而且为网络组织获取竞争优势开辟一个新的途径，因此本研究具有重要的理论意义、方法论意义和实践意义。

（1）理论意义

基于合作竞争的网络组织演化研究，既是对合作竞争理论的丰富和发展，又有利于完善网络组织演化的理论体系。以竞争和合作理论为基础，构建了合作竞争共存的二维竞合结构，扩展了网络组织演化研究的视角；网络组织成员竞合战略的选择仿真和调整过程充分体现了主体能动性和适应性，因此，基于合作意愿的网络组织成员获取竞争优势途径研究更是指明了网络组织成员从主观合作意愿上进行协同发展的新思路，是网络组织演化应用复杂性理论上的全新尝试。

（2）方法论意义

本书从合作竞争这一全新的视角，对网络组织演化进行研究，并采用了多种复杂性科学中的研究技术和手段，有助于丰富和完善网络组织演化研究的方法，并将成为研究和指导我国网络组织发展的有效途径。

（3）实践意义

网络组织与合作竞争关系紧密。从网络组织产生之日起，合作和竞争就嵌入在网络组织成员之间。当前，随着信息技术的发展、全球化进程的加快、不同领域间技术的交叉渗透、企业之间壁垒的逐步消失，企业间的对抗性竞争关系演变到全新的合作竞争关系。改变竞争与合作绝对对立的思维定式，基于合作竞争二维结构研究网络组织形成和发展的动力问题，特别是对于解决我国当前以产业集群为代表的网络组织规模大，但竞争力不强的问题，促进我国网络组织高效发展，具有十分重要的意义。

1.2 概念界定

1.2.1 网络组织

（1）概念

对网络组织内涵进行科学界定，是深入系统研究网络组织的起点，有利于加深对这种组织模式的认识。关于网络组织的概念，国内外学者分别从不同的角度，对其作了诸多不同的注释，但至今仍没有一致认同的看法[10]。在此，将一些具有代表性的观点归纳汇于表1-1。

表1-1 国内外学者关于网络组织的一些定义

代表人	网络组织概念	角度
Sailer L. D. (1978)[11]	网络组织是一系列个人、职位、群体或组织间社会关系的模式	社会关系
Miles & Snow (1986)[12]	价值链的各个点上做出贡献的若干个企业集体资源的结合	价值链
Jarillo J. C. (1988)[13]	网络组织考虑的是不同的但相关的营利组织间长期的、有目的的安排，以使企业获得长期竞争优势	战略网络

续表

代表人	网络组织概念	角度
Dennis M. (1993)[14]	网络组织是一种超越了传统的市场与企业两分法的复杂的社会经济组织形态,而且这一复杂的组织形态是一个动态的、按照一定路径依赖不断演进的历史过程	动态组织
Preiss K., Goldman S. L. & Nagel R. N. (1996)[15]	网络组织是由原来孤立交易的公司共同贡献资源而形成的"企联",即动态联结组织,从而使企业进入一个动态的互联世界,成为灵捷竞争者	合作竞争
Butera F. (2000)[16]	网络组织是一个可识别的多重联系和多重结构的系统,在组织内部"节点"和具有高度自组织能力(或者说是有机组织)的网络组织,在"共享"和"协调"目标及松散、灵活的组织文化理念的支持下共同处理组织事务,以维持组织的运转,实现组织的合作(为了处理各种类型的有效交易)	适应性
李维安和林润辉(2000)[17]	网络组织是一个由活性网络结点构成的有机组织系统。信息流驱动网络组织运作,网络组织协议保证网络组织的正常运转,网络组织通过重组来适应外部环境,通过网络组织成员合作创新实现网络组织目标	环境适应能力
孙国强(2001)[18]	网络组织是企业与社会组织之间的跨边界的资源整合过程形成的以各种经济性联结为纽带的分工协作系统	经济联系
綦振法和徐福缘(2002)[19]	网络组织是一个以IT为工作平台,以企业、社会组织及企业内部各功能单元之间的跨边界资源整合过程中所形成的各种经济性连接为纽带、由活性结点网络连接构成的协作系统	信息技术

综合上述观点,可以看到网络组织具有如下共性:第一,网络组织由数量众多的活性结点所组成,并且这些结点之间存在着显著的差距;第二,网络组织的活性结点是通过各种联结而构成的一种具有网络结构的整体系统;第三,网络组织具有灵活的环境适应能力;第四,各活性结点之间通过信息

共享和无障碍沟通来实现网络组织的运行；第五，网络组织是跨边界的动态组织。

基于以上观点，本书认为网络组织是一种由多个独立的实体为实现其网络战略目标获取竞争优势而形成的具有复杂关系的动态网络结构组织。网络组织的基本内涵可归纳为：第一，网络组织是一种动态的、边界模糊的网络结构组织；第二，在网络组织中各实体的能力具有一定的互补性；第三，网络组织以形成竞争优势、实现网络战略目标为宗旨，以获得竞争所需资源并充分发挥其作用为目的；第四，网络组织成员之间，是以市场机制来协调各实体之间的利益关系，是复杂的网络关系；第五，网络组织有多种组织形态，可以是战略联盟、供应链、虚拟企业，也可以是企业集群等。

（2）类型

随着企业从传统形式向网络组织的变革，战略联盟、产业集群、供应链、虚拟企业和跨国公司等一些具体的组织形态应运而生。

1）战略联盟

管理意义上的战略联盟概念由美国 DEC 公司总裁简·霍普兰德提出。他认为两个或两个以上的经济实体为了实现特定的战略目标而采取的以任何股权或非股权形式来共担风险、共享利益的长期联合与合作组织。关于战略联盟的定义，学术界还存在着多种解释："被管理或被组织的市场""企业间达成的既超出正常交易，又达不到合并程度的长期协议"等。战略联盟被认为是网络组织，是由两个或两个以上具有共同战略利益的企业为了特定的目标，通过各种协议或契约结成的合作型组织[20]。芮鸿程（2002）认为它是由两个或两个以上的企业，为达到共同拥有市场、共同使用资源等战略目标，通过各种联结纽带（如契约股权等）而结成优势互补、风险共担、要素多向流动的网络组织[21]。根据以上观点，本书认为可以将战略联盟定义为两个或两个以上的独立组织为了实现各自的战略性目标或意图，通过各种协议、契约而结成的优势互补、风险共担、生产要素多向流动的一种松散的合作关系。战略联盟的形式有合资、特许经营、相互持股和研发协议等多种方式，20 世纪 80 年代后，技术合作成为主要浪潮。

2）产业集群

19 世纪末，经济学家马歇尔开始关注企业集聚现象，并把专业化产业集聚的特定地区称作"产业区"。之后，美国哈佛大学商学院教授迈克尔·波特（1998）首次明确提出了"产业集群"的概念："在特定领域（通常以一个主导产业为主）中，同时具有竞争与合作关系的相互关联的企业、专业化供应商、服务供应商、相关产业的厂商，以及相关的机构（如大学、制定标准化的机构、产业协会等）在空间上集聚，并形成持续竞争优势的现象"。我国学者王辑慈（2002）认为产业集群是指具有专业化特征的企业和有关机构在地理空间季节成群的现象[22]。仇保兴（1999）归纳出具有如下特征的群落就成为产业集群：①由一群彼此独立自主但相互之间又有着特定关系的小企业组成；②在这种特定关系中隐含着专业化分工和写作现象，即企业集群中企业间的互为行为；③互为行为包括小企业间的交换与适应；④集群中存在企业间的互补与竞争关系；⑤信任与承诺等人文因素来维持集群的运行并使其在面对外来竞争时，拥有其独特的竞争优势[23]。综合以上文献中的定义并结合现实集群状况，本书认为，产业集群是指大量联系密切的企业及相关支撑机构在某一特定地理区域内柔性集聚，并形成植根于当地社会文化环境中专业化分工明显、合作紧密的网络型空间产业组织体系。

3）虚拟企业

虚拟企业（又称为"动态联盟"）是当市场出现新机遇时，具有不同资源与优势的两个或者两个以上的企业，为了快速响应市场变化、集中资源优势、以信息技术为联结和协调手段的临时性伙伴关系。虚拟企业从缩短制造周期、降低生产成本及快速响应市场变化的要求出发，在既定的任务完成以后就自行解散，当新的任务出现时，再组建新的虚拟企业，因此虚拟企业本质上是一种面向任务（订单或者工程）的企业间合作模式，是目前企业间合作最常用的一种组织模式。

4）供应链

供应链企业间的关系符合网络组织的最基本特征，具备网络组织的构成要素，可以说，供应链就是一种网络组织[24]。供应链是指通过对信息流、物流、资金流的控制，按照需求满足过程，从采购原材料开始，到制成中间产品、最终产品，最后由销售网络把产品送到客户手中，并将供应商、制造商、分销商、零售商及最终客户连成一个整体的网络组织，其目的是通过建立企业之间长期合作伙伴关系以供应链整体最低成本传递最优顾客价值。当前，供应链已形成一种从上游多重供应商到下游多重客户的既有纵向、又有横向的复杂网络结构。

5）跨国公司

《世界投资报告——跨国公司与一体化国际生产》将跨国公司网络组织

界定为:"包括公司内部和公司之间的组织结构,有别于那些典型的、单独的或简单的公司战略下的等级结构。"跨国公司指由两个或两个以上国家的经济实体组成的企业,在一个共同战略下从事经营活动,各实体之间互相影响,特别是在分享知识、资源和分担责任方面[25]。本书认为跨国公司网络组织是指跨国公司之间为了实现自身的全球发展战略目标而在研发、生产或销售等领域进行合作形成的企业网络组织[26],较好地表述了跨国公司的内涵。

此外,还有其他网络组织形式,如中小企业网络组织和 WEB 公司等,它们也都符合网络组织定义,但具体特征上又各有不同,这里不再详述。

1.2.2 合作竞争

竞合思想是 Novell 公司的 CEO Ray Noorda 于 1989 年首次提出的,但当时并未引起学术及管理实践人员的重视。"合作竞争"一词源于美国耶鲁管理学院的拜瑞·J·内勒巴夫(Barry J. Nalebuff)和亚当·M·布兰登勃格(Adam M. Brandenburger)合著的《合作竞争》一书。作者在书中写道:"合作竞争是一种超越了过去的合作及竞争的规则,并且结合了两者优势的一种方法。合作竞争意味着在创造更大的商业市场时合作[27]。"这一个概念的提出,说明了双方在竞争中合作,又在合作中竞争,企业必须同时关注竞争与合作,学会将二者很好地融合起来,并加以灵活运用。

作为一种全新的竞争理念,合作竞争是一种高层次的竞争,抛弃传统竞争方式中所存在的缺陷,更是否定了将企业的竞争与合作看作孤立的、甚至是相互对立的二分式研究。它的本质在于:①竞合有机统一;②竞合互动影响;③竞合互相转化。一方面,竞争是合作中的竞争[28]。企业之间的竞争是相互作用的,在相互竞争、存在分歧和对立的同时,存在着共同利益,也产生了一定的依赖关系。竞争企业在某一方面双方利益和目标上达成一致时,就拥有进行合作的基础。另一方面,合作是竞争中的合作,合作并不排斥竞争。双方合作的目的是为了增强各自的竞争优势,从而进行更大范围、更高层次的竞争[29]。

企业之间的竞争与合作行为常常是同时发生的,企业的利益来自于同时进行竞争和合作[8]。合作竞争强调:合作的目的是竞争,竞争以合作为主要方式。为了竞争而学会必要的妥协与合作,建立互惠互利的竞争合作关系;在竞争中寻找一切合作机会,通过联合赋予成员更大的市场竞争能力,进而起到在合作过程中强化竞争的作用。在本书中，将合作竞争界定为：合作竞争是以互补为核心，以合作为基础，以"共赢"为目标的全方位高层次的竞争战略。

1.2.3 演化

演化（evolution）来源于拉丁字 evolvo-和 evolutis，意为展开，如今在生物学中被译为进化，在其他学科中被译为演化。它是指由一种状态缓慢而有秩序的转变为另一种状态的过程，可以用来指任何事物的生长、变化或发展。Haller（1744）最早使用 evolution 这个词来表达他关于胚胎发育的先成论的观点，认为事物均系由低级的、简单的形式向高级的、复杂形式转变的过程，这与进化论者的观点相对立。进化论的奠基人达尔文（Charles Robert Darwin）认为生物演化不一定都是"进步"，还包含着退步的现象。

在牛津英语词典中，Simpson 和 Weiner（1989）对"演化"一词的解释为：①发展和展开的过程；②出现或突现的过程；③解除或散发的过程；④曲线展开的过程；⑤详细工作的过程；⑥从初级到成熟或完全状态的发展的过程，或者指物种的起源；⑦根据内在的趋势，有机体具有可比性的事物的发展过程；⑧来自宇宙物质的天体形成过程；⑨人类社会的发展过程。颜泽贤，陈忠和胡皓（1993）认为对于复杂系统演化而言，从复杂性方面考察事物的演化过程和原因，是复杂系统演化论的任务[30]。本书中所关注的"演化"是网络组织随时间而变化的过程，这个过程应包括起源、发展、渐进或突变、消亡或跃迁等，而具体到文中只涉及网络组织形成、发展和壮大的演化过程、渐进或突变的演化方式及其演化的原因等方面。

1.3 研究现状

目前，国内外关于组织网络的研究方兴未艾，对网络组织的研究主要涉及网络组织的结构、运作模式、管理协调、组织建模和风险控制等方面，且以与网络组织的结构、运作模式和协调机制的相关研究居多。依据本项研究的重点，这里将分两个部分进行综述：第一部分从网络组织形成的相关研究来看，大多数研究集中在网络组织的形成原因[31-32]、内外部驱动因素[33]和必然性[10]等方面，但在网络组织形成的过程、路径等研究还相对薄弱，本研究对该方面的文献进行了分析整理。颜光华和陈福添（2006）提出未来

— 9 —

网络组织研究将从概念、内涵和生成研究转向操作性研究，研究重点是网络组织治理和网络结点运行效率[34]。从网络组织内部成员之间的关系及运作机制的研究来看，可以归纳为超市场契约关系[35]、组织间协调[36]、非一体化下的分工整合关系[37]、合作竞争关系[38]、信任承诺关系[39]等。这些研究为理解网络组织的内部特征和运作机制提供了帮助，特别是合作竞争思想的引入，为研究网络组织演化提供了新的思路。基于此，第二部分进行了基于合作竞争的网络组织相关文献的综述。

1.3.1 网络组织演化的研究现状

西方学者对网络组织的类型及其演变进行了较深入的研究。目前，关于网络组织的形成与演化主要有3种理论观点，分别是以 Bourdieu（1984）[40]与 Coleman（1988）[41]为代表的复制演化模式、以 Burt（1992）[42]为代表的重构演化模式和优化重组的演化模式。复制演化观点认为，网络组织倾向于按已有网络的特征与规范，去继续搜寻符合这种特征与规范的新的合作者，也就是说组织依赖于不断复制其已有网络结构与特征而获取资源，并在复制过程中得到成长。重构演化观点认为，一个网络中最有可能为组织带来竞争优势的位置是关系稀疏的结构洞。网络组织就是在组织成员追求自身利益的动机下，通过改变网络结构为自身带来新的资源，不断地重构网络关系的过程中成长与演化。另外，近年来一些学者在深刻理解网络组织内涵的基础上提出了网络组织在前两种演化模式的基础上还在不断地进行优化重组。孙晋众和陈世权（2004）提出，网络组织形成之后，在发展过程中主要经历3种变化：新结点加入；原有结点退出；网络结构进行优化重组。这是自组织的过程，通过调整网络结构，使它对环境具有更大的适应性[43]。杨桂菊（2007）从社会资本的两个维度——网络位置与嵌入性网络资源出发，构建了网络组织演化机制的理论模型，指出网络组织演化的实质是组织成员在网络利益最大化动机的驱使下，不断地复制与重构网络关系，向核心网络位置及网络资源丰富的方向演化的过程[44]。王耀忠、黄丽华和王小卫（2002）系统地研究了网络组织的结构、类型及特征，以及网络组织的运行机制，提出了网络组织结构模型及其演化过程；最后从经济学的角度研究了网络组织的协调机制[45]。

以上这3种观点对网络组织演化模式的认识各有侧重，但不难发现这两种演化机制有其相通之处，即无论是对网络关系的复制也好、重构也好，网络组织的演化是网络组织内部网络联结关系的演化，正是网络联结关系的演化导致了网络组织结构的演化。

(1) 网络组织与传统科层（机械）组织演化关系的研究

网络组织是一种超越了传统的市场与企业两分法的复杂的社会经济组织形态。程家健（2004）认为如果说传统竞争的组织模式是科层级企业组织，而这一被称为"新竞争"（白斯特）的组织特征就是网络及企业之间在纵向和横向上的联系，即网络组织[46]。苏晓艳和范兆斌（2005）认为网络组织与传统组织的区别在于：治理对象由单个公司转变为网络组织整体；由内部资源转为社会资源；治理规则由正式机制向非正式机制转变；调节手段由内部控制转变为社会机制[47]。对于这两种组织形式，在它们的关系问题研究上，存在替代论和共存论两种观点。一种是替代论：Warren Bennis（1967）认为层级制中的规范、职业导向和理性精神乃至独裁、裙带关系等扼杀了人类的创造力，当时他就预言层级制组织将在25～50年内灭亡[48]。罗仲伟和罗美娟（2001）指出层级组织的成本会居高不下，也不利于创新，而网络组织更优越，网络组织替代层级组织是一个必然的趋势[49]。另一种是共存论。Richardson（1972）从企业能力分工的角度提出，在企业（层级制组织）之外网络组织是一种有效的协调企业活动的方式[36]。Williamson（2002）从交易及其规制角度提出在一体化和市场之间存在中间方式，这些方式都是并存的[50]。王洪涛和席酉民（2001）也认为网络制和层级制是应该并存的，可以运用和、谐两种法则分别进行指导[51]。林金忠（2004）认为层级制协调费用更低，优于网络制，因此不会被取代[52]。这两种观点都有各自的道理，在一段时间内针锋相对。汪国银（2009）对此情况进行了分析，认为层级制组织确保了效率和稳定性但却失去了适应性，网络制组织虽具有良好的适应性，但适应过程效率低且稳定性差。因此，纯粹的网络组织不会完全替代层级制组织。未来的组织是一种复杂适应性组织，是层级制和网络制的融合[53]。吴涛（2000）认为适应性网络组织是未来的企业组织[54]。刘洪（2004）也认为组织变革的趋势和未来形式是具有复杂适应系统特征的网络化组织[55]。在此基础上，他进一步提出了复杂适应组织的概念，强调了该组织至少应具备自主、关联和学习3个方面的特征[56]。

(2) 网络组织演化的路径

从20世纪60年代中期起，人们普遍认为，群体组织的发展要经过5个阶段的标准程序：形成阶段、震荡阶段、规范化阶段、有所作为阶段和终止阶段[57]。这种组织演化理论的思想最初都是源自生物演化学。Adizes 早在 1979 年就类似生物系统定义了企业组织生命周期理论[58]，得到了理论和实业界的广泛认同。现在看来，该理论传承于还原论，所以他认为的组织演变只是渐进的过程。但是，在生物演化的历史中，物种在相当长时期内一直保持形态稳定不变，而在某个短暂的突变时期，过去占据优势地位的物种迅速灭绝，新物种迅速形成，新物种形成之后又进入较长时期的稳定状态。Tushman 和 Anderson（1986）正是借鉴了这种思想，提出了组织演化经历两种截然不同的过程：一是通过对结构、系统、控制和资源的调整使其更适应；二是对战略、结构和系统彻底进行改变[59]。Miles 和 Snow（1992）从组织演进的角度将其划分为一种新的组织形态，即第一种为功能型公司（19 世纪末至 20 世纪初）；第二种为部门型组织（20 世纪 50 年代繁荣）；第三种为矩阵型组织；第四种为网络组织，它是在前面的组织形态基础上演变而来的[60]。杜龙政、耿剑锋和孙冰（2007）认为网络化有利于企业集群式创新的实现，提出企业集群和网络组织的发展使得技术创新从单个企业的突破性创新为主，逐渐过渡到一群企业的非线性创新[61]。韩炜和彭正银（2008）的研究表明，异变是网络组织的一个重要特征，而企业网络组织异变往往呈现出渐变与激变两种路径[62]。齐延信和吴祈宗（2006）针对突破性技术创新的特征和其创新网络组织结构，运用战略能力、职能能力和项目能力 3 个维度阐述了突破性技术创新网络组织的组织能力[63]。张晓明和刘军（2010）认为网络化组织形式是一个动态的、按照一定路径依赖不断演进的历史过程。刘洪（2003）提出组织变革沿着复杂性增长途径演化的观点[64]，并在随后指出变化性是组织复杂性创造的途径，且其复杂的组织变革可以从多样性、自发性、融合性、适应性、超越性和变形性等角度来衡量[55]。阮平南和高杰（2009）从 CAS 理论的角度出发，认为网络组织演化过程可以看作是网络内各主体非线性相互作用的过程，通过各主体的主动适应和与系统的交互作用来促进系统的演化[65]。

1.3.2 基于合作竞争的网络组织演化研究现状

竞争和合作是系统发展的动力和源泉[66]。企业网络组织的协同竞争行为有助于促进组织变革[67]。当前，合作竞争这一全新的竞争战略思想正在被越来越多的学者所重视，成为研究网络组织在超竞争环境中不断演化以更好地生存与发展的重要思路。

第一章 绪 论

（1）网络组织合作竞争的效果

Tsai（2003）研究了在合作与竞争关系共存的组织网络中，知识共享在合作机制中产生的效果，还指出了合作性组织个体间达到有利于组织整体的协同的可能途径[68]。Bengtsson 和 Kock（1996）研究了企业网络的合作竞争关系，认为企业存在于竞争与合作共存的关系中[69]。Beersmp、Hollenbeck 和 Humphrey（2003）研究了合作或竞争结构与团队绩效的关系[70]。Jordehe 和 Teece（1989）论述了如何通过合作战略和公共政策达到合作和竞争的一个新的平衡[71]。卢福财等（2004）指出网络成员良好的合作可以给成员带来很多市场与科层组织所没有的效用或利益[72]。孙国强（2003）运用系统科学理论构建出以关系、互动与协同为主要内容的网络的三维治理逻辑模型[73]。卢福财和胡平波（2007）认为在一个竞争与合作关系合理的网络组织中，知识溢出效应可以使得成员企业认识自身的知识状况，改变知识结构，并提高其知识竞争力[74]。彭正银和何晓峥（2007）提出了竞争与合作相统一的协同竞争已成为企业网络竞争战略发展的必然趋势，通过对企业网络组织协同竞争研究脉络的梳理，得出企业网络组织演进以系统思维作为理论逻辑的基点，以合作竞争为行动策略，以价值创造作为网络协同竞争的本质属性，协同竞争具有提升竞争优势的特征，而博弈模型对协同效应发挥着解析工具的作用[9]。通过分析以上文献，可以看出国内外学者都一致认同网络组织合作竞争的效果在于可以提高其竞争优势。

（2）基于合作竞争的网络组织演化过程

Hamel、Doz 和 Prahalad（1989）研究了与竞争者合作并进行学习、建立联盟的重要性，并指出合作是另一种形式的竞争[75]。道格拉斯·K·麦克贝思和尼尔弗格森（2000）论述了供应商合作伙伴关系和战略及开发供应商合作伙伴关系可以转变成新的组织形式的方式，并提出一个变革模型[76]。钟德强等（2003）研究了合作竞争下的供应商数量优化问题[77]。董敏、倪卫红和胡汉辉（2003）比较了产业集群与供应链联盟两种战略下的企业竞争与合作的状态，提出了产业集聚与供应链联盟战略融合的发展趋势及对提升国际竞争力的思考[78]。龚敏和张婵（2003）指出战略联盟、网络组织、企业生态群这3种形式在企业合作竞争中相互促进，并呈现螺旋式的演变发展过程[79]。王永平和孟卫东（2004）运用演化博弈理论研究供应链企业合作竞争问题[80]。黄勇和邱婷（2007）提出随着集群由初建发展到成熟，集群内的竞争总体上也经历了一个由"对抗的竞争"逐渐到"宽容的竞争",再到"合作的竞争"的一个变更演进的动态过程[81]。张阁(2009)研究了产业集群竞合行为与集群竞争力的关系,认为加强合作是集群竞争力提升的途径,并提出了产业集群合作范式的演进路径和多维合作模式[82]。巨荣良(2009)以竞争合作范式及其时间组织形态——网络化组织为研究对象,分析了竞合范式的生成机制,探讨了以竞合为核心特征的网络化企业的各种形态,提出合作竞争是经营理念和企业行为方式,网络化企业组织是一种企业组织形态,后者是前者在企业组织方面的具体表现形式,并在实践层面给出了企业战略和政府政策方面的建议[83]。

(3) 基于合作竞争的网络组织演化研究方法

①博弈理论。当前,制定合作-竞争战略所依据的主要方法是博弈论。Barry 和 Adam 教授认为,博弈论将合作与竞争有机地整合到一起,使我们的思维超越单纯的合作或竞争的简单思维模式。彭正银和何晓峥(2007)指出,博弈模型对协同效应发挥着解析工具的作用[9]。因而,许多学者运用博弈模型作为网络组织成员合作竞争战略分析的工具。平狄克和鲁宾费尔德(1996)基于博弈论的分析认为,在动态的合作与竞争博弈中,集群内单个企业的竞争实力得到加强的同时,集群的整体竞争力也得到提升[84]。Maianel(1999)提出一个两阶段博弈的子博弈完美均衡能在很大范围内达到,主要依赖合作与竞争的相对力量,这表明竞争博弈由于信息沟通可促进合作[85]。Hausken(2000)讨论了群体间竞争对群体内部合作的影响[86]。孙利辉、徐寅峰和李纯青(2002)通过合作博弈与竞争博弈的优劣对比,提出合作竞争博弈模型,并以非对称双寡头合作竞争产量博弈为例,将合作竞争博弈均衡与合作均衡和竞争均衡做了对比分析[87]。叶红心、张朋柱和孙景乐(2002)通过建立一个描述利益群体相互作用的合作竞争的微分动力模型,讨论了其均衡解的存在和稳定性条件[88]。吴昊、杨梅英和陈良猷(2004)从博弈参与人的有限理性出发,探讨了合作竞争博弈中复杂性存在的根源,在此基础上应用演化博弈论的方法探讨了合作竞争博弈的演化模型,用"进化稳定策略"来描述合作竞争博弈的长期演化趋势[89]。卢福财和胡平波(2005)从网络组织成员之间合作的博弈关系角度,构建了成员的声誉模型,说明了在有利于经济连续稳定的合作环境中,声誉效应是网络组织成员合作的重要激励机制,在声誉效应的激励机制下,成员之间合作是有效率的[90]。蓝庆新和韩晶(2006)通过构建网络组织成员合作的稳定性博弈模型,提出网络组织获得协作竞争效应的必要条件[91]。陈学光和徐金

发（2006）构建了一个关于网络组织形成的动态模型，利用演化博弈论研究了网络组织内成员间关系和作用机制的形成过程[92]。②复杂性科学。Levy（1994）研究了产业间复杂相互作用和产业动态进化中的混沌现象，并用仿真模型描绘了一个计算机生产商、供应商和它的市场间的相互作用[93]。Axlord（1997）研究了组织合作复杂性问题，初步分析了组织合作稳定与不稳定条件[38]。孙晋众和陈世权（2005）认为可将网络组织的管理视为一个多 Agent 的智能协作支持系统，网络组织管理的核心思想是如何提高协作效果，并使全体成员都能从中分享到协作所带来的利益[43]。阮平南等（2007，2009）分别基于 CAS 理论和耗散结构理论研究了网络组织演化问题[65,94]。周庆和陈剑（2004）构建了基于 Swarm 的供应链多主体聚集模型，并对其进行了仿真[95]。李贵春、李从东和李龙洙（2005）建立了基于 CAS 的供应链网络进化仿真模型，揭示了供应链网络系统动态变化的规律[96]。申万万等（2007）以复杂适应系统理论为基本指导思想，在 Swarm 平台上构建和实现了群体组织形成过程模型，对主体与主体之间的相互作用进行模拟[97]。姜晨谢和富纪（2008）通过引进复杂性理论中的 NK 模型来试图研究在适应性景观上组织的适应过程和环境选择机制，以探求组织演化的本质及寻找有效的组织演化策略[98]。黄玮强、庄新田和姚爽（2009）建立创新网络动态演化模型，运用复杂网络研究中的数值仿真方法，研究创新网络的动态演化规律、企业间的知识溢出与网络结构的关系[99]。③种群动力学及其他方法。赵昌平等（2004）运用系统动力学构造了战略联盟模型，研究了战略联盟的自组织机制[100]。金镭（2003）构建了产业集群形成和演化机制分析模型，通过引入集群熵的概念，构造了产业集群形成和演化的路径图[101]。洪军（2005）认为网络组织的演化是在内部动力和外部环境共同推动下发生的，如网络组织实体的特征及实体之间的合作、竞争、矛盾，以及外部资源的可获性等，并通过构造网络组织系统的动力学方程，讨论了它的演化特性[102]。

1.3.3 总结

从目前中外大量的研究文献看，网络组织演化研究呈现以下规律：

（1）经过近年的研究积累，对网络组织形成的动机、网络组织的演化过程、网络组织的演化路径、网络组织成员的竞合关系及协调发展等方面的研究，初步形成较为全面的知识框架。但更多是停留在对网络组织演化现象的论释上,特别是基于竞合思想的研究,虽然目前在企业网络合作竞争理论和企业的合作竞争行为领域已经取得了多方面的研究成果,但从竞合关系角度明确网络组织的演化具体过程和其形成条件,合作竞争如何提升网络中企业自身的竞争力并促进网络组织的整体运作绩效等问题的研究尚不成熟,有待进行深入与系统的理论分析和有效的实证研究。

(2) 组织演化研究经历了机械原子论—系统论—复杂系统论的过程,并呈现出群体生态理论、资源依赖理论、交易费用理论和制度理论跨学科研究的趋势。由于网络组织演化的复杂性和模糊性,且从竞合理论角度研究,将不仅涉及经济学、组织学的内容,又涉及社会学、信息学等方面的知识,未来的研究必须整合多学科的理论,如复杂性科学、系统动力学、博弈论、仿真技术等分析方法,定量和定性相结合来分析网络组织的互动性和动态性,才能真正揭示基于合作竞争的网络组织演化规律。

(3) 网络组织理论研究正转向实践与操作层面,这是当前研究的重点和难点,也是本研究的目标。立足于发挥网络组织成员的主动性,从竞合角度形成一套比较完整的、对企业战略管理有现实指导意义的、可操作的战略网络理论与技术方法,是对现代企业战略管理理论及其技术方法的创新,也有益于培育和提升我国网络组织成员的核心能力,具有重要的实践指导意义。

1.4 本项研究的主要工作

本书依据提出问题—分析问题—解决问题的研究思路,在总体分析了基于竞争和合作共同作用下网络组织演化途径和时间上的复杂性后,对网络组织进行了重新界定。本书的主体部分探讨了合作竞争在网络组织形成—发展—壮大的复杂演化过程中的作用机制,以得到促进其获得竞争优势的有效途径。本研究构建的逻辑框架如图 1-1 所示。

1.4.1 内容简介

本书主要研究在合作竞争的作用下,网络组织形成、发展和壮大等演化过程中的动力机制问题,全书分为八章,各章主要内容安排如下:

第一章为绪论。介绍了本研究的背景与意义、概念界定(包括网络组织、合作竞争和演化)、研究现状及研究所做的工作,包括研究内容、研究

第一章 绪论

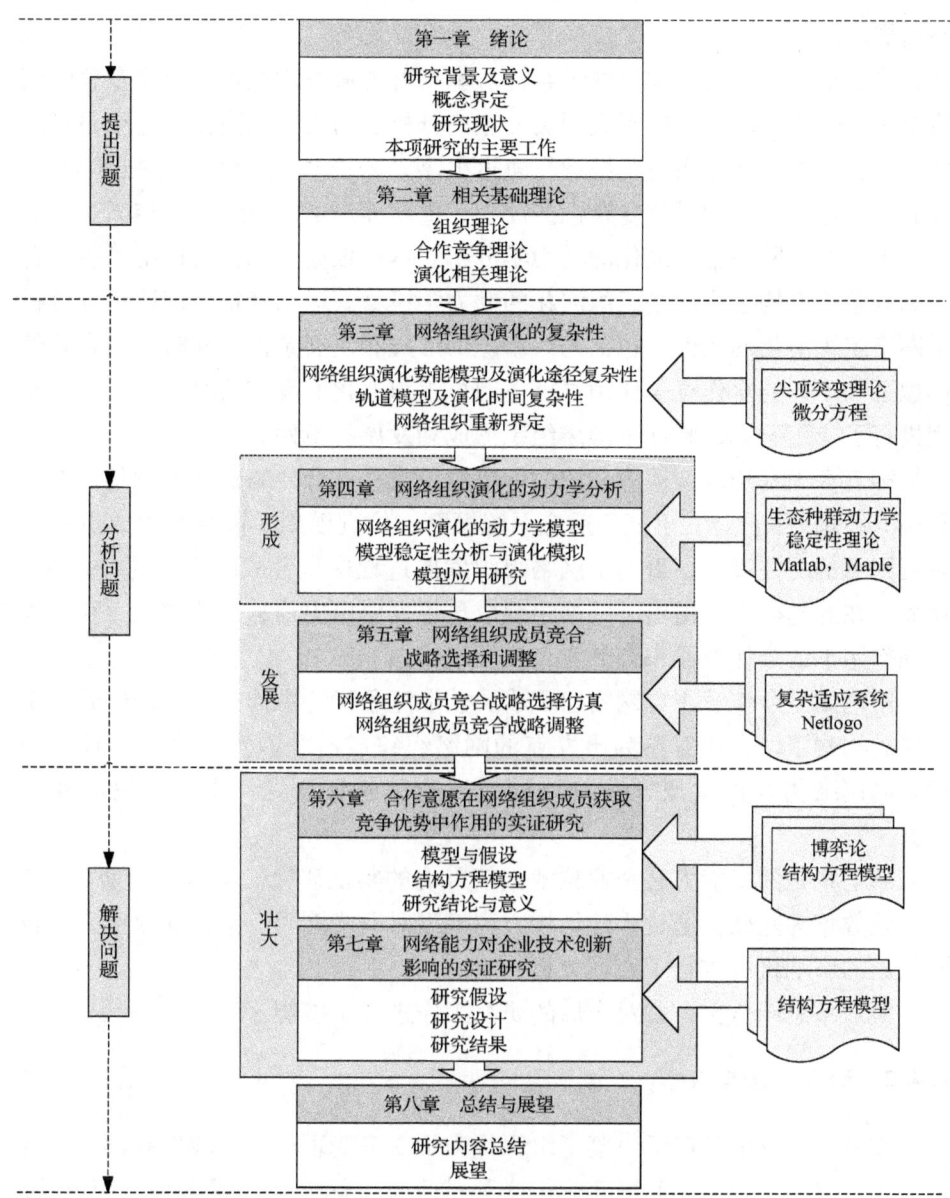

图 1-1 研究构建的逻辑框架

方法与技术和研究成果。

第二章是相关基础理论。本章回顾了组织、合作竞争和演化的相关理论,为本项研究奠定了理论基础。其中构建二维竞合战略框架是本研究的重要前提。

第三章是网络组织演化的复杂性。本章首先通过构造基于合作竞争的网络组织演化势能模型，应用尖顶突变理论分析了网络组织演化的途径与复杂性特征；其次，构建网络组织运行轨道模型，分析其演化时间上的复杂性；最后，通过网络组织演化复杂性的原因，重新界定了网络组织的定义。

第四章为网络组织演化的动力学分析。本章根据生态种群理论，引入合作和竞争强度构建了网络组织演化的动力学模型。运用稳定性理论角度分析了网络组织演化的条件，包括网络组织的形成和发展条件的同时，结合软件模拟了在不同的合作竞争作用强度下网络组织演化的具体情况。最后，对模型进行了应用研究，验证了网络组织形成和发展的条件。

第五章为基于复杂适应系统的网络组织成员竞合战略选择和调整。本章利用 NetLogo 平台建立了复杂适应系统模型，仿真模拟了网络组织成员在简单规则下的交往过程，得到了网络组织发展过程中竞合战略形成的"涌现"现象。在此基础上，提出了网络组织成员根据由历史信息、认知能力和环境共同作用下的合作意愿来调整竞合发展战略。

第六章是合作意愿在网络组织成员获取竞争优势中作用的实证研究。本章首先构建了以合作意愿为出发点的网络组织成员获取竞争优势的理论模型。利用结构方程模型方法对该模型进行了实证研究，得出结论和实践意义。

第七章是网络能力对企业技术创新影响的实证研究。本章以山西省 150 家企业数据为基础，通过构建结构方程模型对网络能力、知识获取对企业技术创新的影响机制进行了实证分析。

第八章总结全文，并对今后的研究工作进行了展望。

1.4.2 研究方法与技术

在研究过程中，广泛借鉴了组织行为学、突变理论、非线性数学、种群动力学、复杂系统科学和博弈论等学科的理论，综合运用了多种研究方法。一方面将规范研究与实证研究相结合；另一方面将定性研究与定量研究两种方法较好地综合运用于所研究的问题之中。具体采用的研究方法如下。

（1）文献研究法

本书根据课题的研究目的，通过调查文献来获得资料，从而全面地、正确地了解掌握网络组织演化的相关问题。文献研究法有助于形成研究对象的一般印象，了解有关问题的历史和现状，确定研究课题。

（2）问卷调查法

理论模型必须通过实证的检验才有意义。为了检验本书所提出的理论模型，首先通过实地访谈，了解集群企业创新的实际情况，然后根据相关领域专家和企业管理者的建议设计出初步问卷，经过多次修改和预测试，形成最终问卷。

（3）模型模拟法

模型模拟法是先依照原型的主要特征，建立一个相似的数学模型，然后通过模型来间接研究原型的一种形容方法。本书中多处用到了该方法，比如建立网络组织势能模型模拟了网络组织演化的路径，网络组织轨道模型模拟了网络组织运行的轨道，网络组织演化的动力学模型模拟了网络组织演化的过程，建立在复杂适应系统平台上的网络组织成员竞合战略选择模型也是采用的模型模拟的方法。

（4）系统研究法

本书以系统理论为指导，将网络组织视为一个复杂适应系统，成员视为具有主动性和适应性的主体，运用系统的观点，特别是复杂系统的观点，研究网络组织的演化问题，以期更全面、深入、客观地认识其本质。

（5）数学方法

真正的科学认识基于合作竞争的网络组织演化，不仅要研究本质的规定性，还必须重视对它们的量进行考察和分析，以便更准确地认识研究对象的本质特性。本书在多处应用数学工具对研究对象进行一系列量的处理，如利用结构方程模型对调研数据进行的实证研究等。

技术路线可参见图1-1，下面主要说明本项研究的关键技术。

（1）在第三章中，首先，按照稳定状态势能最小理论构建的基于合作竞争的组织演化势能模型符合尖顶突变的定义。因此，结合突变理论，通过该模型找到了网络组织演化途径及其复杂性特征。其次，根据网络组织演化中合作与竞争的关系，利用微分方程构建了网络组织运行轨道模型，使网络组织演化时间上的复杂性特征研究得以进行。

（2）根据生物种群动力学构建了网络组织演化的动力学模型，运用稳定性理论求解分析得到网络组织存在和发展的条件，同时采用Maple软件进行模拟很好地反映了网络组织的各种演化情形。最后，在Matlab软件辅助下验证了这些条件的正确性。

（3）根据复杂适应系统思想，在 NetLogo 平台上实现了网络组织成员合作竞争战略选择模型的仿真。通过不同条件下的模拟，得到了网络组织成员选择竞合战略整体稳定的规律性"涌现"现象。最后，分析了网络组织成员通过合作意愿对基于二维竞合结构中竞合发展战略的调整。

（4）为了明确网络组织成员的合作意愿在其获得竞争优势中的作用机制，本章以二阶段博弈为主的相关模型建立了合作意愿度与网络强度关系、技术创新和竞争优势之间的假设。其他假设根据国内外已有文献整理或推导得出，构造了完整的理论模型。

（5）按照实证分析的步骤，将设计科学、合理的问卷发放给被调查对象。在收集回的有效问卷中进行数据的信度和效度检验后，按照结构方程模型分析的步骤：模型设定、模型拟合、模型评价、模型修正、假设验证和模型解释等过程，验证了网络组织成员的合作意愿，并获取竞争优势的作用途径。

1.4.3 创新点

本研究在二维竞合结构框架的基础上，通过组织演化势能模型和网络组织运行轨道模型，不仅明确了网络组织演化途径和时间上的复杂性特征，而且重新界定了网络组织为一种由多个独立实体（该实体具有主动性和适应性）在竞合共同作用下组成的具有网络结构和复杂演化特征的组织系统，并提出了基于复杂适应系统思想的网络组织演化中的动态战略研究。

（1）构建了基于合作竞争二维结构的网络组织演化的动力学模型。从稳定性理论角度结合软件模拟，研究了在不同的合作竞争关系下网络组织演化的具体情况。研究表明：合作竞争是网络组织形成的动力，且网络组织的演化趋势与资源限制下成员的最大规模有关。可见，要形成网络组织须通过加强网络组织中成员的有效合作或者减少不利竞争；要发挥网络组织的群体优势，成员间须资源互补，充分、有效地利用资源，才能使得有限资源下的网络组织成员获得更大的发展。

（2）利用 NetLogo 平台建立的复杂适应系统模型，仿真了网络组织成员竞合战略选择的过程，得到"涌现"现象规律：①当主体可以从合作者那里获取一定收益，而采取合作所付出的成本不可忽略时，竞争战略主导整个市场；②当合作成本足够小时，主体更趋向于进行合作；③通过调节环境变量，引入促进合作的政策，可以引导主体从竞争走向合作。根据"涌现"

现象机制，提出了网络组织成员根据由历史信息、认知能力和环境的共同作用的合作意愿来调整竞合发展战略。

（3）构建了合作意愿在网络组织成员获取竞争优势中作用机制的理论模型，并利用结构方程模型进行实证分析，不仅验证了提高合作意愿有利于网络组织成员获取竞争优势等假设，更为重要地说明了发挥网络组织成员主观能动性从提高历史信任感知、联盟需求和收益预期来加强合作意愿，通过利用网络关系强度、组织学习和技术创新有效的中间环节，将能更好地提升其竞争优势。

第二章　相关基础理论

理论基础是研究课题据以存在的观念和思想前提。它是以往的理论总结，又对后续研究具有指导意义。本章主要阐述和总结了组织、合作竞争和演化的相关基础理论，其中提出的二维竞合战略框架是本章也是本书的一个核心内容。

2.1　组织理论

从组织理论的发展过程来看，经历了古典组织理论、新古典组织理论、系统组织理论、权变组织理论和后现代组织理论等阶段。

以泰勒、法约尔和韦伯为代表的古典组织理论学派从组织内部的分工和活动安排角度来分析提高企业组织效率的方法。但该理论将组织成员假设为"经济人"，视其为企业"机械系统"的组件，把"企业机器"的运营效率作为组织效率的衡量标准。这种机械组织的观点，忽视了人的主观能动性和高层次需求，仅仅将其作为和其他资源一样的机器的一个组成部件。

20世纪30年代，组织理论随着行为科学的引入，形成了新古典组织理论，又称行为科学组织理论，主要包括以埃尔顿·梅奥（Mayo E.）为代表的人际关系组织理论和以赫伯特·西蒙（Simon H. A.）为代表的决策过程组织理论。该理论主张分权、扁平组织结构，提倡部门专业化，通过从心理学和行为学的角度分析组织中的人际关系和非正式组织，以提高组织效率和工作效率。新古典组织理论同样也认为组织由各个部分按照机械的方式组成，而最大的缺陷是没有考虑到环境对组织的影响，这也是古典组织理论的问题所在。

在系统组织理论中，社会系统组织理论的创始人巴纳德（Barnard C. I.）所提出的系统组织理论又称为巴纳德的自觉协作活动系统理论，他认为社会的各级组织包括军事的、宗教的、学术的、企业的等多种类型的组织都是一个协作的系统，而所有协作行为都是物的因素、生物的因素、人的心理因素和社会因素这些不同因素的综合体。随着贝塔朗菲一般系统论的形成和发展，系统管理组织理论把组织看作是开放的系统，注重环境与组织之间的互动关系。卡斯特和罗森茨威克（Fremont E. Kast & James E. Rosenzweig，1985）指出，组织是一个开放系统，是在与环境的不断作用中获得发展的，而且组织的模式必须与环境特征相匹配[103]。古典组织理论对组织进行分析的一个前提是将组织看作封闭的、机械的、决定论的系统，而从系统理论看，组织是开放的、有机的、权变的系统，它与环境之间存在着交换关系，要适应并在一定程度上改造环境。该思想抓住了组织的适应性问题，但是整体系统方法存在的抽象性和概括性，使得该方法在具体应用时难以开展。正如Osborn、Hunt和Jauch（1980）所言："整体性是系统方法的主要强势所在，但它又是如此的模糊和抽象，以至在实际运作中很难应用。"[104]

权变组织理论认为，组织总在具体的环境下运行，没有一种适用于一切的组织结构模式，因而该理论主要研究通过组织动态配置来解决组织的适应性问题。该学派认为，社会上可以同时存在两种组织结构形式：一种是稳定的机械式结构；另一种是动态的有机式结构，这两种结构在组织特征上有着显著区别，见表2-1。

表2-1 机械式组织结构与有机式组织结构的比较

组织特性	稳定式机械结构	动态式有机结构
开放性	较为封闭，难以对环境做出有效的反应；通过选择环境来减少不稳定性	较为开放，能接受环境影响并具有对环境的反应能力
协调方式	通过等级结构和明确规定的管理程序进行协调	多样的手段和个体之间的交互式协调
任务与职能	通过组织图、职位说明及相关文件明确规定与说明	根据相关的情况及彼此之间的期望值等随机性说明
程序与规则	具有多而具体的正规的成文性规定，且应严格按照规定的程序与规则进行	成文性规定较少且往往是非正规的
决策方式	集权的且集中于高层	分权的且分散于整个网络

续表

组织特性	稳定式机械结构	动态式有机结构
结构的稳定性	倾向于固定不变，组织结构的刚性较强	具有持续适应新情况的能力
权力结构及来源	具有集中的、等级的权力结构，权力来源于职位	分散的、多样化的结构，权力来源于知识和专门特长
活动的差异化和专业化	明确的、相互孤立的职能和部门	通常或有时为重叠的活动
活动的正规性	在结构的基础上具有更多的正规性	在结构的基础上具有较少的正规性

资料来源：朱国云（1997）[105]。

在较为稳定的市场环境下，仅靠权变的微调来适应环境的方式有一定的作用，但它不能改变旧有组织运作模式中致命的缺陷。坎德·兰逊（Rikard Larsson，1993）在深入研究组织间的关系后，提出了用市场、组织间协调和科层组织的三级制度替代传统的市场与科层两级制度框架[106]。亚当·斯密和钱德勒把市场和科层组织分别称为"看不见的手"和"看得见的手"，而坎德·兰逊则把组织间协调称为前两者的"握手"。这3种制度安排适用环境的因素比较见表2-2。该思想将市场与企业科层组织从相互对立转向相互联结与相互渗透，因而很多学者认为它是网络组织的萌芽。

表2-2 市场、组织间协调和科层组织3种制度安排适用环境的因素比较

制度安排	市场	组织间协调	科层组织
隐喻	看不见的手	握手	看得见的手
内在化成本	高	高	低
外在化成本	低	低	高
行为者信任度	低	高	低
不确定性	低	高	高
交易频率	低	高	高
特定资源依赖度	低	高	高
召集成本	—	低	—

资料来源：林润辉（2004）[10]。

20世纪80年代后随着环境复杂性和不确定性的要求，后福特制组织、柔性组织、复杂性组织、学习型组织和虚拟企业等概念涌现出来。Boje、Robert和Tojo（1996）合著的《后现代管理和组织理论》是目前系统研究后现代组织的代表作，它为后现代组织提供了一个较全面的图景[107]。后现代组织是一个有机体，意味着后现代组织具有复杂性、非线性、不可预知性和动态性，组织中的个体的任务可变、职能或功能可变、具有主观能动性和个性[108]。理查德·L·达夫特（2002）认识到在变化迅速、复杂性和意外性为特征的世界中，组织趋向于适中的规模、灵活的和注重横向合作的分权化结构，且组织间的界限模糊，据此，他将后现代组织的特征和现代组织的特征进行了对照[109]。综上所述，后现代组织学派认为柔性、动态、敏捷性、适应性和复杂性是后现代组织的特征。它与组织权变理论的区别在于它强调了理论的哲学基础，因此采用后现代组织来概括20世纪80年代后组织变革所形成的新型组织，更具有理论意义和生命力[110]。

2.2 合作竞争理论

当前，企业借助网络组织，通过知识、信息、技术、思维的交流，有效地提升研究综合性复杂技术、快速开发新产品、柔性制造等单个企业难以同时具有的能力[111]，从根本上改变了企业之间短期行为的对抗竞争而转向企业长期发展的合作竞争，它是企业组织发展的新趋势。

易斯顿和阿诺舟（Easton & Araujo，1992）认为，企业之间的横向关系可以分为4种类型：共存、合作、竞争和合作竞争[112]。由于共存关系是指虽然同处一个产品市场，但由于地理位置较远、市场比较大、产品目标定位的差异等诸多因素的影响，企业之间只是知道对方，没有任何来往，经济活动互不影响。这种关系反映了厂商之间经营活动的独立性，其发展状况决定于自身的努力。具有这种关系的企业虽然可以看作是网络组织中的孤立者，不作为本研究的研究对象。

2.2.1 竞争

"竞争"一词，从字义上解释为"角逐胜负"，较多地表现为你死我活的竞争，"一方之所得即为另一方之所失"。竞争是社会经济生活中的最普遍现象。企业为了实现自身利益和追求利益最大化，必然争先采取行动抑制对方、有利于自身发展的行为,以争夺市场和发展机会,因此,竞争是市场机制发挥作用的重要体现,是经济活动的灵魂。本书在这里将竞争定义为企业通过培育独特的能力或优势资源来获取相对于其他企业的优势地位或更高绩效的行为。

(1) 竞争理论

有关竞争的理论一直是经济学研究的重点。从斯密《国富论》开始,竞争理论产生和发展历程大致可以分为3个阶段,即古典竞争理论、完全竞争理论、以博弈论为方法互动的竞争理论[113]。斯密在1976年将经济学变为规范体系的科学的同时,也创立了古典自由竞争理论。他认为,在市场中存在一个"自然价格",市场价格总是围绕自然价格上下波动,因此,自由竞争就是一个不断偏离均衡状态的市场过程,是经济学竞争理论的基础。完全竞争理论,是将竞争作为一种市场过程最终结果的均衡状态来进行研究的,如瓦尔拉斯的一般均衡理论和马歇尔的局部均衡价格理论都引入了均衡的分析方法,它们所证明的是在什么条件下竞争会实现局部或一般均衡。以博弈论为方法的互动竞争理论重点研究行为主体决策和行为的互动,是研究决策主体的行为发生直接相互作用的时候的决策及这种决策的均衡问题。

"竞争导向"理念对企业战略的统治曾经持续相当长的时间,形成了相对成熟的竞争战略理论框架,其中具有代表性的理论有:以环境分析和组织结构设计为核心的古典竞争战略管理理论;以产业结构分析为基础的经典竞争战略理论;以资源和知识为基础的核心竞争力理论及目前新经济时代竞争战略理论[114]。这些理论对企业的战略选择产生了深远的影响。比较典型的有:①西方管理学者迈克尔·波特(Michael Porter)在《竞争优势》一书中提出了竞争战略理论,指出竞争是企业成败的核心,而竞争优势是透过竞争战略规划所产生的与同行企业的竞争中所表现出来的相对于竞争对手的一种优势。他提出的用于分析竞争状况的5种竞争力量模型,说明了这种优势取决于5种基本竞争力量的相互作用的结果。他还创造性地运用"价值链"模型深入分析了企业内部的各种价值活动,探讨了企业竞争优势的来源、获得途径和方式,进一步丰富和完善了竞争战略理论[115]。②从1984年Wernerfelt在《战略管理杂志》发表《基于资源的企业观》一文以来,企业资源观学派认为:企业是由一系列资源所组成的集合,企业的竞争优势都建立在、而且应该建立在它所拥有的一系列特殊资源及资源的使用方式之上[116]。Barney(1991)认为可持续竞争优势的源泉应该满足4个条件,即有价值、稀缺性、不完全可模仿、不可替代性[117]。Collis 和 Montgomery（1995）在《哈佛商业评论》上发表了《资源竞争：90 年代的战略》一文中认为，价值的评估不能局限于企业内部，而且要将企业置身于其所在的产业环境，通过与竞争对手的资源比较，从而发现企业拥有的有价值的资源[118]。③企业能力论认为，企业之间的竞争在形式上表现为最终产品之间的竞争，但实质上是核心能力之间的竞争。Prahalad 和 Hamel（1995）通过对世界知名巨型企业的研究发现，成功的企业已经不再把自己视为制造产品的一系列业务组合，而是某种核心能力的载体[119]。在核心能力理论研究的基础上，Teece、Pisano 和 Shuen（1997）提出了"动态能力"的战略观[120]。动态能力理论强调为适应不断变化的市场环境，企业必须具有不断自我更新的能力，该能力在企业更新自身能力以满足环境变化的要求方面具有关键的作用。

（2）竞争的方式与目的

企业之间竞争的方式是多种多样的，有的采取价格竞争，有的采取产量竞争，还有的采取价值链竞争、质量竞争、产品差异化竞争等。竞争的目的也各有不同，有的是为了争夺上游的原料资源，有的是为了获得更多的消费者资源，还有的是为了得到更多的技术资源等。

2.2.2 合作

合作是企业之间通过挖掘互补性的资源、技能和能力来寻求共同利益的行为[121-122]。这是因为，没有任何一家公司能够拥有发展所需要的全部资源[123]。企业成长的内在要求受到现实资源稀缺的限制，为了克服资源不足的缺陷，企业间进行合作便成为理性的选择。合作行为往往表现为企业之间经常进行包括商业方面、信息方面及社会资源的交换，通过正式和非正式合作等方式，来实现社会、技术、生产设备等资源的共享和开发。当前，企业间合作的因素不断增加，主要有根据专业化分工而建立的合作，由于使用共同资源而进行的合作，基于知识共享的合作和扩大市场需求的合作。企业合作的动机和意图多种多样，内涵十分丰富，限于本研究的目的，本书在这里将合作定义为两家或两家以上的独立企业，为了实现自身经营目标，互相利用彼此的资源或能力，共同完成某一任务或达成长期业务关系的行为。

（1）合作理论

长期以来，经济学将企业之间的竞争关系作为研究的重点。但是，在分析竞争理论的同时,也可以看到关于企业间合作关系的研究成果。经济学家马歇尔在1890年发表的《经济学原理》中明确指出自由经济不仅只有自由竞争,也包括自由合作,他发现企业在合作中可以获得规模经济效益,这是单个企业所不能达到的。经济学家克拉克提出的"有效竞争"理论和康岑巴赫提出的"最佳竞争强度"都强调了合作的作用,且认为要辩证地看待竞争与合作的关系。

20世纪80年代中期开始,合作战略就越来越多地成为企业一种新的战略手段来获得战略竞争力,合作理念也正式被纳入战略管理中。其中Nielsen(1987)所发表的《合作战略》一文最具代表性。他认为合作战略是和竞争战略一样能够提升企业经营优势的一条路径。他还将合作战略划分为4种模式:①合作经营(Pool);②分工交易(Exchange);③缩减(Deescalate);④偶然性的合作(Contingency)[124]。Gulati(1995)认为通过企业间合作以获得资源已成为获得竞争优势的一种战略选择[39]。

合作研究领域的主要理论有:①群体选择理论。该理论认为利他行为有利于种群利益时,这种行为就可能被保存[125]。②亲缘选择理论。威廉·汉密尔顿(Williams Hamilton)在1964年提出了亲缘选择理论,又称汉密尔顿法则。其主要内容是:亲缘关系越近,动物彼此合作倾向和利他行为也就越强烈;亲缘越远,则表现越弱[126]。③自私基因学说。该理论提出进化的单元是基因,为了更多更好地复制,不同基因组合在一起,相互利用[127]。④合作进化论。Axelrod和Hamilton(1981)运用博弈论方法,对传统博弈论中囚徒困境问题加以扩展,发展了合作进化理论[128]。随后博弈论逐渐开始关注合作问题,零和博弈认为如果是一次性买卖,那么背弃是理性行为;而在非零和博弈中,背弃策略很可能是次优的,合作对双方会更有利;在重复博弈中,宽容性的合作策略将会更有效[129]。博弈论还强调合作策略的实现是建立在基于回报的基础上,随着合作效益的产生,并建立起信任关系并使合作关系得以持续。近年来,把合作视为先验而对联盟收益进行分配的合作博弈理论兴起,从合作进化到合作中的复杂性成为近年来研究的热点[130]。

(2)合作的形式

Ken、Stephen和Susan(1995)指出合作分为正式的和非正式的合作。企业之间的正式合作包括建立战略联盟和其他形式的合伙、合股等;非正式的合作建立在社会标准和相互信任的基础之上,相互合作开展业务[131]。

Peter、Andrew 和 Van（1994）认为基于合约的跨组织的合作关系包括战略联盟、伙伴关系、联合、合资企业、特许、研究团体和各种各样的网络组织[132]。王群力（2008）总结了合作战略的具体形式有：合作联盟、合作生态系统和合作网络，并指出合作网络组织理论是当前对合作组织分析的一种较为普遍的理论[133]。黄少安（2000）认为合作可以分为紧密型合作与松散型合作、正规契约型合作与非正规契约型合作、双边合作和多边合作、单一内容的合作与多方位的合作、个人之间的合作与组织之间的合作等[134]。邹文杰（2006）从合作的稳定程度及时间持久性确定合作形式大体上可以分为3种：契约型合作、网络型合作及自由灵活型合作。契约型合作已成为企业合作的主要模式，而企业网络以其独特的组织优势，成为企业合作的主要组织形式[135]。

2.2.3 合作竞争

合作竞争理论是20世纪90年代以来产生的一种新的战略管理理论。乔尔·布利克和戴维·厄恩斯特（Joel Bleeke & David Ernst, 1993）在《协作型竞争》中写道："完全损人利己的竞争时代已经结束，传统竞争方式不可能确保赢家在'达尔文式游戏'中所拥有的最低成本、最佳产品和服务及最高利润。长期势均力敌的争斗结果只能使自己财力枯竭，难以应对下一轮的竞争和创新。"美国耶鲁管理学院的拜瑞·J·内勒巴夫和亚当·M·布兰登勃格（Barry J. Nalebuff & Adam M. Brandenburger, 2000）合著的《合作竞争》一书中首次提出"合作竞争"一词，并指出："合作竞争是一种超越了过去的合作及竞争的规则，并且结合了两者优势的一种方法。合作竞争意味着在创造更大的商业市场时合作[27]。"此后，竞合正式作为一个独立的研究领域并引起研究者们的广泛关注。

（1）竞合理论

竞合的基本含义是指企业（或组织）之间在同一时期同时进行竞争与合作[136]。竞合现象反映了一种基本的关系二元性，即创造价值必然是一个合作过程，而获取价值则必然是一个竞争过程[137]。Luo Y（2004）提出合作竞争是为企业寻找一种设法增加可供分享的"馅饼"的双赢方案[138]。学者们已就竞合的基本内涵达成共识，即竞合是指企业（或组织）之间在一些活动中进行合作，同时在另一些活动中展开竞争的现象。竞合理论辩证地从合作和竞争共存、共变的角度来分析组织间关系，是组织间关系研究的一个重要前沿领域[139]。

在组织间竞合关系形成原因方面，Luo（2005）通过实证研究发现决定跨国公司子公司间竞合中竞争强度的因素有局部响应、市场重叠和能力衰退；而决定跨国公司子公司间竞合中合作强度的因素包括战略依赖性、子公司组织形式和技术关系[140]。Kotzab 和 Teller（2003）认为竞争对手间能否形成良性竞合互动关系主要取决于合作动机、相互依赖、相互信任与承诺、正式的责任和冲突解决机制、有效的整合和沟通机制[141]。Walley（2007）指出内部和外部两方面的因素共同影响企业竞争或合作的倾向，其中，外部行业因素包括行业密集度、组织规模、资源充裕度、行业管制程度和行业国际化程度；企业内部因素包括资源所有权、专用性资产投资、权力不对等性和自我保护意识等；拥有关键资源、专用性资产投资多、市场权力大和自我保护意识强的企业更倾向于与竞争对手建立和发展竞争关系[142]。刘衡、王龙伟和李垣（2009）指出影响组织间竞争倾向的关键因素包括环境恶化、实力不对等、客户争夺、利益冲突等；而影响组织间合作倾向的关键变量有相互依赖性、资源互补性、环境压力、关系质量等[139]。

在组织间竞合的结果方面，Luo 等（2006）通过实证研究发现，组织内部跨职能部门竞合能提高企业的顾客和财务绩效[143]。Zineldin（2004）认为伙伴间形成良好的竞合互动关系能够为双方带来增加规模经济、节约成本、提高研发水平、贴近技术前沿、接近新市场、创造更多的顾客附加值等收益[144]。竞争对手间的竞合关系有利于企业绩效的改善，原因在于通过合作可获得所需的互补性资源，而通过竞争则可迫使企业开拓创新[8]。竞合战略比单纯的竞争或合作战略更有利于提高创新能力（包括新产品线开发和技术多样化），Quintana Garcia 和 Benavides Velasco（2004）通过对欧洲生物技术企业长达 6 年的跟踪研究发现，成功的竞合战略比单纯的竞争或合作战略，更能够提升企业的创新能力，而且竞合战略既可用于管理与直接竞争对手的关系，也可用来管理与上下游合作伙伴的关系[145]。

（2）竞合战略框架

企业之间在竞争基础上的合作及合作基础上的竞争已成为一个不可逆转的趋势。为了更好地认识竞合行为的本质，必须进一步剖析竞争与合作的相互关系。现有的理论框架如下。

1）一维竞合框架

Bengtsson 和 Kock（2000）根据竞争与合作程度的不同，定义了竞合呈现 3 种不同的形式：以合作为主要导向的竞合、竞争与合作均衡作用的竞合、以竞争为主要导向的竞合[8]。这意味着将竞争与合作看作一维空间中的两极，此间竞争与合作此消彼长，中间点则是竞争与合作的程度均出现弱化后的均衡的竞合，如图 2-1 所示。然而这种框架下中间点是非合作非竞争状态还是竞争与合作均衡的竞合行为，难免会让人产生混乱。另外，竞合也并非像他们所表述的相互削弱，而是相互独立、相互联系，共同发挥作用，与非竞争非合作具有本质的区别。

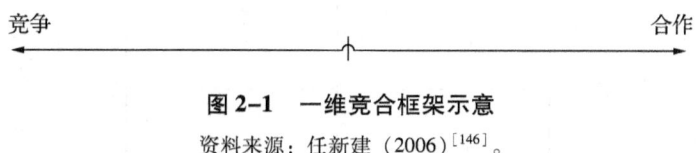

图 2-1　一维竞合框架示意

资料来源：任新建（2006）[146]。

2）已有的二维竞合框架

为了能够表示竞合并存、共同作用的特点，竞合框架从一维扩展到二维，将竞争与合作视为空间中的两个坐标，这样克服了一维结构中二者冲突的问题，使二者能够相互兼容。就二维框架而言，竞合框架也经历了从基本态势矩阵到二维构造图两个阶段。第一阶段，依据竞争与合作的有无，竞合基本态势矩阵清晰地区分了竞争、合作、竞合及无竞争无合作 4 种态势，如图 2-2 所示。然而，这种矩阵却无法表示出一种态势下，企业行为存在强度和程度上的差异。

第二阶段，Wilkinson 和 Young（1994）把渠道上下游伙伴间的竞合关

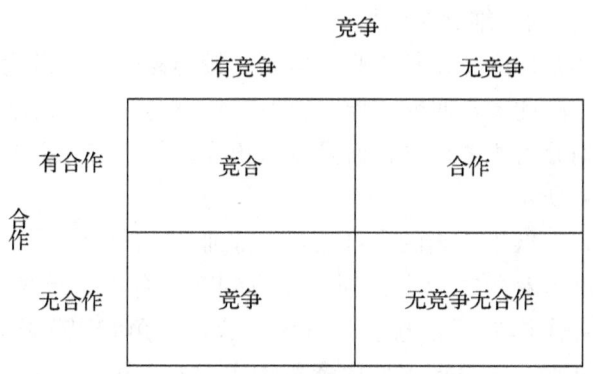

图 2-2　竞合基本态势矩阵

资料来源：任新建（2006）[146]。

系分为高合作高竞争竞合型、高合作低竞争伙伴型、低合作高竞争冲突型和低合作低竞争依赖型 4 种[147]。基于以上竞合关系的分类，以竞争和合作作为平面坐标中的二维，以竞争与合作行为的强度作为两方向坐标轴，构造的二维竞合图如图 2-3 所示。

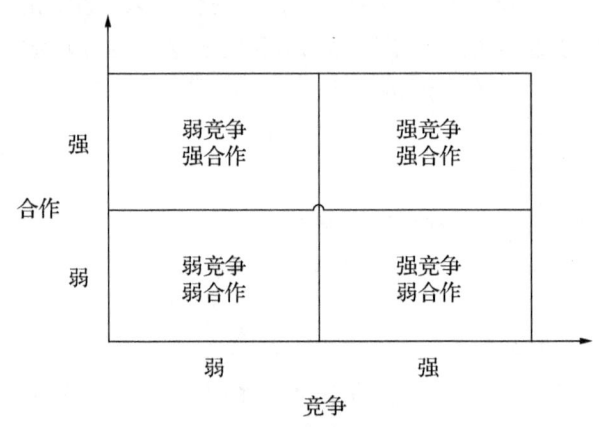

图 2-3 二维竞合构造

资料来源：任新建（2006）[146]。

依据竞争和合作强度的不同，竞合行为在二维坐标上表现为强竞争强合作、弱竞争强合作、强竞争弱合作、弱竞争弱合作 4 种情形。其中，4 个极点分别代表了企业竞合的 4 种极端行为，即纯粹的竞争、纯粹的合作、非竞争非合作和强竞争强合作。

3）本书定义的二维竞合结构

由于竞争和合作度量比较困难，但是比较容易确定的是竞争和合作的作用的大小关系。因此，本研究在原有企业二维竞合构造图的基础上，不再将二维坐标平面划分为 4 个位置，而是以对角线为界，将二维平面划分为两个部分，如图 2-4 所示。

图 2-4 中，二维平面内的点都表示了企业既竞争又合作的状态。那么，当企业间行为落入对角线以上区域，就可判断为合作主导型竞合（即竞合关系更多地由合作构成而非竞争）行为；若在对角线以下区域，就是竞争主导型竞合（即竞合关系更多地由竞争构成而非合作）。而且容易看出，在对角线上的点实现了均衡的竞合。另外，原点表示非合作非竞争状态，而坐标轴上的点表示的纯粹的合作和纯粹的竞争也有了度量。可见，此图综合了

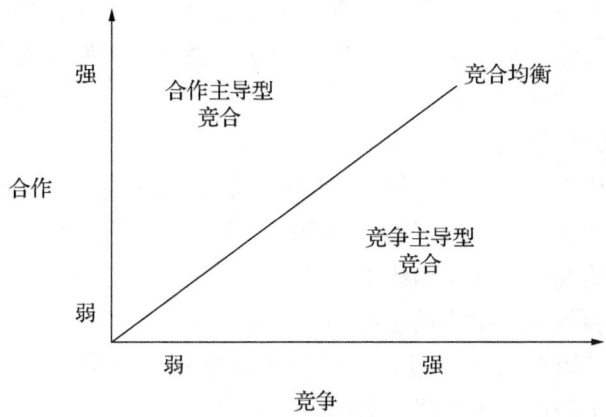

图 2-4 本研究构建的二维竞合结构

一维和二维竞合结构图的特点，不仅能全面表述企业各种竞合状态，而且可准确定位企业竞合的行为，具有更强的适用性。

2.3 演化理论

20 世纪 80 年代以来，借鉴自然演化思想、采用生物学类比研究经济演化行为或企业发展行为逐渐成为一种潮流，也形成了一些演化理论。本节将对这些演化理论进行阐述与说明，尝试为组织演化整理出一个较为清晰的理论基础。

2.3.1 组织生态理论

20 世纪 70 年代末、80 年代初学者们开始将生态理论用于研究组织。组织生态理论（Organization Ecology）将自然界物种进化的法则、特征和规律等用于解释组织演化的过程，是一个运用生态学及其他相关学科的概念、模型、理论和方法来对组织结构及其所受环境影响进行研究的理论[148-149]。组织生态理论研究的核心问题是组织的异质性和组织之间的替代问题，由于组织本身存在的生物遗传类似性特征，它所关注的组织形式的变迁，并不是既定组织的局部的适应性变化，而是一种组织形式对另一种组织形式的替代[150]。根据达尔文的进化论，组织演化的过程与自然界物种进化一样呈现出三大特征：变异、遗传和自然选择性。首先，在一个物种的成员间必须存在变异,无论这种变异是盲目的、随机的还是有目的的,变异是演化的前提条件。其次,必然存在某种遗传机制,正是这种遗传机制使得后代更像他们的父母而非同一物种其他成员。最后,一些适应环境变化的组织得以生存与发展,不适应的会被淘汰。

组织生态理论十分强调自然选择的重要性,认为是环境选择了不同的组织形式,一定企业组织形式能否生存下去,关键在于其组织形式与环境特征的兼容性。自然选择导致了组织的变异,变异产生了组织形式的变迁,而组织变迁则进一步强化了组织的生存能力和适应性。一旦环境出现了变化,新的选择又开始了组织的变异过程。通过生存方式的变化来分析组织的适应性,是组织生态理论的重要研究方法。

目前有关组织生态理论的研究较多,较有影响力的如 Coarrll 等（1989）在"组织的生态模型"中提出存活率的概念,组织中的许多选择过程,其实是采用社会的、文化的、制度的标准[151]。Hnanna 和 Feremna 将产业模拟为物种,将组织间的共生定义为产业间互惠、互利的关系。Dyer 和 Singh（1998）在"组织演化：新方向"中将组织演化的推动力示意为组织的出生率、死亡率、建立率及改变率,适应与选择间的关联与结合成为重要的研究内容。组织生态学从宏观的角度研究组织群体的动态演化过程,其所谓环境选择或组织变迁,也就是指组织群体中各个单一组织逐渐被替代,此消彼长、汰旧换新的过程[152]。

2.3.2 演化经济理论

由于新古典经济学存在的诸多缺陷,演化理论开始应用到经济学领域,并由此产生了一门新的学科——演化经济学。1982 年,纳尔逊和温特（Nelson & Winter, 2002）合著的《经济变迁的演化理论》[153]出版发行,标志着现代演化经济学的形成[154]。纳尔逊和温特认为企业的成长是通过类似生物进化的 3 种核心机制,即多样性、遗传性和自然选择性来完成的,通过构建一个模拟生物的企业研究模型,特别强调"惯例"（遗传和继承）、"搜寻"（企业适应和惯例变异）和"竞争"（市场选择）在企业演化过程中的作用[153]。Barnett 和 Hansen（1996）指出企业演化理论的中心思想为变异、选择和演化,企业遵循着创新（变异）、市场检验、适应并发展的循环演变规律[155],强调企业与周围环境之间的互动。演化经济学强调竞争和自然选择机制在经济行为主体演化中的作用,认为经济系统是一个持续发展的演化系统[156]，采用了更加符合客观实际的理论假设，如有限理性、信息不对称等，从而能够更好地解释经济系统的发展和演化过程。演化经济学逐渐进入了经济学的前沿领域。

近年来，演化经济学受到如兰洛伊斯（Langlois）、福斯（Foss）、提斯（Teece）、多西（Dosi）、温特（Winter）、纳尔逊（Nelson）和霍奇逊（Hodgson）等学者的推崇，主要形成了以下四大流派：老制度学派、"新熊彼特"学派、奥地利学派和"调节"学派。在众多的演化经济学流派之中，主要包括以下基本观点。

（1）系统内生演化的观点

演化经济学认为，只有那些处于远离平衡状态的系统才能走向进化。在现实世界中，平衡是间断的、暂时的，不平衡和演化是永恒的。经济系统的演化从本质上说是内生的、自组织的、自创性的，且具有自适应、自学习的能力，不断地进行试错、不断地积累经验教训，积极创新探索，从而促进经济系统的发展演化。

（2）历史过程的观点

演化经济学建立的惯例—搜寻/创新—选择的分析逻辑，强调经济变迁的路径依赖，认为社会历史的发展路径依赖于所发生的一系列不确定事件，经济体系未来的发展和现状是与过去的历史，即延续下来的路径有关。惯例既对短期行为的思维方式和行为特征产生影响，也对企业长期行为产生根本影响。但惯例并非一成不变，经济变迁也受到环境和不确定因素的影响。

（3）多元论的观点

演化经济学强调企业间的差异性及由此形成的多元化。产生企业差异的根本原因是企业内部惯例不同，而支配企业惯例的背景、价值观、性格和知识则很难通过模仿来消除。企业在惯例更新中的路径依赖特征使企业的学习过程和创新行为具有历史累积性，这种累积性使企业的差异得以继续维持并强化。企业的异质性是企业多元化的基础，而多元化是市场通过竞争机制进行选择，推动企业演化的必要条件[154]。因此，演化经济学在方法论上倾向于多因素、多层次、复杂系统的整体主义分析方法。

2.3.3 演化博弈论

演化博弈论是基于有限理性的假设，以达尔文生物进化论和拉马克的遗传基因理论为思想基础，将博弈理论分析和动态演化过程分析结合起来的一种理论。演化博弈理论具有以下特征：第一，以随时间变化的某一群体为研究对象，通过分析群体演化的动态过程解释说明为何群体将达到目前的这一状态及如何达到；第二，群体的演化既包括了选择过程也具有突变过程；第三，群体的选择过程具有一定的惯性，因而大部分演化博弈理论的预测或解释能力。

演化博弈论的主要贡献是演化稳定策略（evolutionary stable strategy，ESS），它由生物学家Mynard Smith和Price（1973）[157]提出，其基本思想是若群体能够抵制入侵，那么该群体所选择的策略就是演化稳定策略。稳定演化策略最常见的局势是双人对称博弈，令 $X = \{x_1, \cdots, x_i, \cdots, x_n\}$，$u(x, x')$ 为某参与人选择策略 x，而其对手选择策略 x' 是该参与人的支付，如果策略 x 是一个ESS，当且仅当其满足以下条件[158]：

$$u(x, x) \geq u(x', x), \forall x'; \quad (2-1)$$

$$u(x, x) = u(x', x) \Rightarrow u(x, x') > u(x', x'), \forall x' \neq x。 \quad (2-2)$$

式（2-1）说明ESS是纳什均衡，表明当所有参与人选择策略 x 时，任何一个参与人偏离 x 而选择 x' 是无利可图的；式（2-2）说明即使在选择策略 x 的参与人博弈时选择 x 并不能获得比选择 x' 更高的支付，但在与选择 x' 的对手博弈时会得到更高的支付[159]。

在演化博弈理论中运用最为广泛的选择机制动态方程是泰勒和朱克（Taylor & Jonker，1978）提出的复制动态（replicator dynmics，RD）[160]。RD研究既定策略类型比例的动态变化，关键是动态变化的速度，而该速度取决于博弈学习模仿的速度。

随着演化稳定策略的提出，演化博弈理论在各个不同的领域得到极大的发展。20世纪80年代许多经济学家把演化博弈理论引入经济学领域，同时对演化博弈理论的研究也开始由对称博弈向非对称博弈深入取得了一定的成果。20世纪90年代以来，演化博弈理论的发展进入了一个新的阶段。威布尔（Weibull，1995）比较系统、完整地总结了演化博弈理论[161]。近年来，演化博弈论成为国内外学术界最热门的研究领域之一，虽然国内外学者在经济领域的研究成果比比皆是[162]，但是具有极大的应用前景的演化博弈论是博弈论中一个新领域，可以预见在未来相当长的时间内它是经济研究中最具发展潜力的领域之一。

2.3.4 复杂系统演化论

复杂系统演化理论是将现代各种关于复杂系统理论如耗散结构、协同学、超循环理论、突变和混沌学等进行综合，用以研究复杂系统演化的条件、机制、过程和原理等问题的一门新兴的交叉学科。颜泽贤（1993）提出复杂系统演化的定义为事物从一种多样性统一形式转变为另一种多样性统一形式的具体过程，包括新增层次的产生和功能演化两方面的内容[30]。对于复杂系统演化而言，从复杂性方面考察事物的演化过程和原因，是复杂系统演化论的任务[30]。

方福康（1998）认为复杂经济系统的演化问题是21世纪100个科学难题之一，并指出经济系统的复杂性主要体现在以下方面[163]：①复杂经济系统内部各个经济子系统之间的彼此联系、相互影响和相互作用，构成了一个经济网络。每一个子系统的发展演化都会影响其他子系统变化的发展演化，同时也会受到其他子系统的影响；②复杂经济系统具有多层次、多功能的结构。每一层次都是其上一层次的组成部分，有利于系统的某一功能的实现。不同层次之间存在着错综复杂的、不规则的交互关系，使经济系统的演化过程非常复杂，演化结果出现多样性；③复杂经济系统在发展演化过程中不断学习，并对其层次结构与功能结构进行重组和完善，调整系统元素的行为和发展方向，以适应外界环境的变化；④复杂经济系统是开放的复杂大系统，与环境之间不断发生着信息、能量和物质的交换，能够与环境产生交互作用，并能不断向着更好地适应环境的方向发展演化；⑤复杂经济系统是动态的，它不断地处于发展变化之中，而且其本身对未来的发展变化有一定的预测能力；⑥复杂经济系统中信息量极为庞大，在对具体问题进行分析时，存在着信息的不完备性和不确定性。⑦复杂经济系统中存在着各种政策因素、人为因素、随机因素及偶然事件的影响和干预，使得系统的发展方向是不确定的，并存在一定的路径依赖性。

作为21世纪的一门新兴学科，科学界广泛认同复杂理论适用于对复杂系统中群体决策、企业组织、经济发展等微观和宏观管理研究。当前以复杂适应系统理论、自组织临界性理论与复杂网络理论为主的复杂性科学已被用于复杂经济系统演化研究及经济系统复杂现象。Richard（2006）认为当前组织复杂性最常用的工具是构建模型进行仿真[164]。尤其是人们大量采用仿生途径研究系统复杂性，如遗传算法（genetic algorithm，GA）、人工免疫系统（artificial immune system，AIS）、元胞自动机（cellular automata，CA）等典型方法，特别是以"多主体"（Multi-agent）行为模型研究经济系统演化现象，很好地揭示了系统的复杂性。

2.4 本章小结

本章通过整理国内外相关文献，主要对组织、合作竞争和演化理论进行阐述和总结，为基于合作竞争的网络组织演化整理出一个较为清晰的理论基础。其中基于合作竞争的内涵提出的二维竞合战略框架，是本研究开展的重要前提和核心思想。

第三章 网络组织演化的复杂性

普利高津、哈肯和托姆等的开拓性工作指出：不稳定性是复杂系统演化的真正原因，系统发展在本质上是间断的、突变的，而不是连续的和渐进的。系统的演化行为有渐变与突变两种方式[165]。当前，虚拟组织等网络组织中活性结点快速重组的出现，使得组织结构从机械式组织飞跃到有机的网络组织跳跃式演变，打破了传统理论和实业界所广泛认同的企业组织生命周期理论。组织学界正面临着一个重要而亟须解决的问题——组织演化复杂性的重新认识。

组织演化的复杂性是组织在演化过程中所呈现的无序现象，它与组织复杂性内容是不同的。组织复杂性涉及范围广，更侧重于综合静态地看待组织的表象特征。但是它们之间又存在着不可分割的重要联系，刘洪就曾指出变化性是组织复杂性创造的途径，且其复杂的组织变革可以从多样性、自发性、融合性、适应性、超越性和变形性等角度来衡量[55]。本章从合作竞争二维框架出发，通过竞争和合作两个维度构建组织演化势能模型揭示网络组织演化的复杂性。

3.1 突变理论

20 世纪 60 年代的有机系统方法提出了与机械原子论完全相反的指导思想：将组织作为一个系统来研究。然而，整体系统思想由于其固有的抽象性及高度的概括性，使人们在具体研究时往往感到无从下手。进入 70 年代，组织研究呈现出跨学科研究的趋势，不断涌现出来的新理论有群体生态理论、资源依赖理论、交易费用理论和制度理论，这些理论没有脱离传统线性、均衡、确定的思维方式。目前，已经有些学者将复杂性科学引入组织管理研究，为研究复杂系统非线性、非均衡提供了新的方法和工具，有利于对组织系统的自组织、复杂适应性等特征有更深的理解[166]。

突变理论（Catastrophe Theory）是由法国数学家勒内·托姆（Rene

Thom）于1972年创立的，以拓扑学、奇点理论和结构稳定性理论为基础，研究动态系统在连续发展过程中出现的突然变化现象的理论[167]。

  托姆指出，系统演化的过程取决于系统的外部控制因素（控制参量）和内部的状态因素（状态参量）。平衡曲面为满足由这两种变量构成的势能函数的一阶导数（或两个一阶偏导数）为零的所有点的集合。某种类型的突变过程的全貌可通过其相应的平衡曲面来描述。突变理论为自然界与社会生活中的大量不连续飞跃现象给出了特定的几何描述。

  托姆已经证明了，初等突变的基本类型主要由控制变量的个数决定。当控制变量不大于4个时，共有7种突变形式，一般称这7种突变为7种初等突变。它们分别为：折叠突变、尖顶突变、燕尾突变、椭圆脐点突变、双曲脐点突变、蝴蝶突变、抛物脐点突变。它们的势函数分别表示如下：

①折叠突变

$$V(x) = x^3 + ux。 \quad (3-1)$$

②尖顶突变

$$V(x) = x^4 + ux^2 + vx。 \quad (3-2)$$

③燕尾突变

$$V(x) = x^5 + ux^3 + vx^2。 \quad (3-3)$$

④椭圆脐点突变

$$V(x,y) = \frac{1}{3}x^3 - xy^2 + w(x^2 + y^2) - ux + vy。 \quad (3-4)$$

⑤双曲脐点突变

$$V(x,y) = x^3 + y^3 + wxy - ux + vy。 \quad (3-5)$$

⑥蝴蝶突变

$$V(x) = x^6 + tx^4 + ux^3 + vx^2 + wx。 \quad (3-6)$$

⑦抛物脐点突变

$$V(x,y) = y^4 + x^2y + wx^2 + ty^2 - ux - vy。 \quad (3-7)$$

④~⑦这4种突变发生在高维的空间内，因而应用不广泛。折叠突变由于只有1个控制参量和1个状态变量，变量少，难以反映复杂系统的特性，因此也应用不多。而尖顶突变则由于发生在2个控制参量和1个状态变量的相空间中，能够用几何图形表示，更利于观察系统的突变，因此被广泛用来描述系统的突变现象。

  目前突变理论应用已经从物理学、工程学和化学领域扩展到生物学、医学、社会学和心理学等许多领域[168-171]。特别是在社会科学和人文科学中，许多很难用其他数学方法处理的现象，却可以应用突变理论。Dou 和 Ghose (2006) 应用突变理论研究在线零售竞争，摆脱了定量模拟的不确定性条件，取得了较好的研究结果[172]。金观涛和刘青峰（1984）研究了封建王朝寿命[173]，是国内较早地用此理论探索组织问题的成果，有一定的参考价值。

3.2 组织演化势能模型

组织系统是一个由简到繁、从低级到高级不断演化和进化的、开放的复杂巨系统，难以准确定量描述。而复杂系统必然需要使用复杂科学方法加以研究。为揭示组织演化的本质，本节借助系统势能来构建组织演化的非线性模型[174]。首先，确定两个前提条件：

条件1：根据二维竞合框架中的两个维度：一个是竞争，由于存在很多个体挤占资源的情况，必然存在包括经济、政治和意识形态等方面的利益冲突。它的存在无法避免，并对组织的发展稳定性起到破坏作用；另一个是合作，所有具有共同利益和愿望的个体都希望通过协作整合资源，发挥集体优势，它有利于增强组织稳定性。这两种因素在不确定环境下产生的作用，使得组织形式发生复杂的变化。选取竞争与合作作为模型的两个控制变量，组织的演变规模作为状态变量，用来描述组织发展的情况。其中竞争与合作是可以计量的，而控制变量仅是用来表示空间的不同位置，本身并无长度等实在物理意义。

条件2：在组织演化模型中存在两个稳定状态：机械式组织和网络组织。显然，亚当·斯密分工理论造就的机械式组织，强调专业化及对工作的详尽描述。它通过严格的管理层次和更简单的管理方案追求稳定性、抵制未知世界的变化，所以至今仍然普遍存在。而网络组织是一种由多个独立的实体根据分工协作的原则并通过市场机制来协调相互关系以实现共同的目标为目的而建立起来的网络合作组织形态。而战略联盟、产业集群和虚拟组织等网络组织通过组织学习、组织分权及非正式化，产生了灵活的组织结构和迅速的反应机制。机械式组织和网络组织这两种组织的比较见表3-1。由活性结点联结构成的网络组织，希望通过紧密协作，联结更多的结点，发挥集体优势。显然，也无可否认机械式组织的优势，在一定条件下它的效率仍然很高。当需要组织敏捷生产，与其他组织合作才能完成任务时，那些原本属于机械式组织的结点会通过重组以适应新的要求。但是在任务固定，开放性不高时机械式组织形式倒是稳定的。Achim Oberg 和 Peter Walgenbach（2008）指出在管理文献中网络组织是与传统组织相反的组织模式，它提高了组织的适应性和主动性[175]。本假设基于权变组织理论，认真考虑了在当前网络经济环境下这两种最为典型的组织形式，以期得到的研究结论具有现实意义。

表 3-1 机械式组织与网络组织比较

组织特性	机械式组织	网络组织
开放性	较为封闭，难以对环境做出有效反应	较为开放，能接受环境影响并具有对环境的反应能力
组织基础	权力	契约、协议
职能与任务	由相关文件明确规定	依据契约临时规定
结构的稳定性	固定不变，组织结构的刚性较强	具有持续适应新情况的能力
协调方式	按照规定的程序在组织层次间进行协调	手段多样，结点之间都可进行协调
典型结构	层级型组织或科层组织	企业联盟、虚拟组织

若用 x 表示组织演化的规模，那么组织演化趋向稳定结构的能力可定义为 $V(x)$。模型中用 p 来表示竞争对这种能力的阻碍作用，q 表示合作对这种能力的促进作用。因为组织演化的内在动因是系统内各要素、系统间的非线性作用，这里选用平方和来表示，即对于外部因素的作用能够产生倍增效果。此外，组织演化还会受到其他环境随机"涨落"的作用，用 $\Gamma(t)$ 表示。于是，组织的基本演化方程可表示为如下形式：

$$V(x) = (x^2 - p)^2 + (x + q)^2 + \Gamma(t)。 \quad (3-8)$$

将式 (3-8) 右边展开，得到：

$$V(x) = x^4 + (1 - 2p)x^2 + 2qx + p^2 + q^2 + \Gamma(t)。 \quad (3-9)$$

若令 $u = 1 - 2p$，$v = 2q$，那么式 (3-9) 即可变形为：

$$V(x) = x^4 + ux^2 + vx + \{[(1-u)/2]^2 + (v/2)^2\} + \Gamma(t)。 \quad (3-10)$$

略去式 (3-10) 右边的常数值，就有：

$$V(x) = x^4 + ux^2 + vx。 \quad (3-11)$$

式 (3-11) 的推导并未改变模型的性质，它等价于式 (3-8)，即组织演化的模型方程可用式（3-11）表示。式（3-11）中 u 表示组织演化中的竞争作用，v 则表示合作作用。显然，式（3-11）为突变论中的尖顶突变模型，是一个有势系统。该模型把组织演化的稳定机制抽象为用势函数趋于极小值的动态过程来表达，故可采用尖顶突变模型对组织演化进行模拟。

其临界曲面相图是在由控制变量 u、v 和状态变量 x 在三维相空间构成的一个折叠曲面，分为上叶曲面、中叶曲面和下叶曲面三部分，其中的中叶曲面处于折叠区，如图 3-1 所示。系统的状态不经过中叶曲面而在上叶曲面和下叶曲面之间的跳跃，就是系统状态的突变。将折叠区投影到控制平面上形成一个尖角形分岔集，如图 3-2 所示。当相点恰好在曲面折叠的边缘上时，它必定跳跃到另一叶面上。

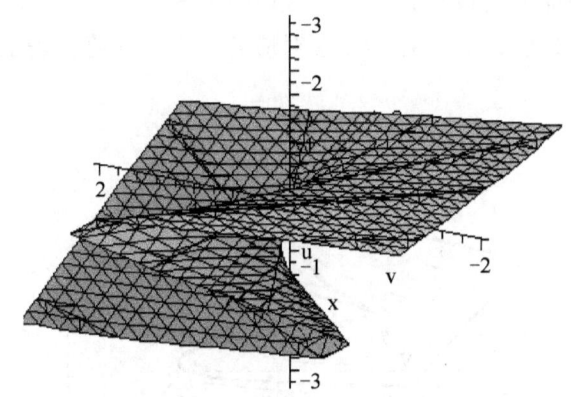

图 3-1　组织演化的尖顶突变模型

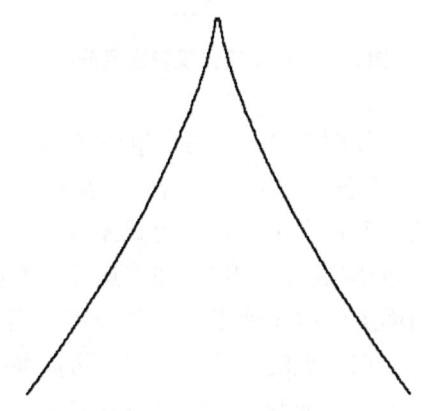

图 3-2　分岔集

3.3 网络组织演化途径及复杂性

3.3.1 网络组织演化途径分析

为方便研究，在由 2 个控制变量：竞争 u 和合作 v 确定的控制平面，与组织规模 x 组成的三维空间里绘制组织演变的状态曲面 Z，如图 3-3 所示。状态曲面 Z 上任一点表示不同的 (u,v) 值下组织所处的状态 x。图 3-3 中，状态曲面 Z 上存在一个折叠，折叠的上叶曲面 M 相当于组织处于网络组织状态，下叶曲面 N 表示机械式组织。折叠面之间的尖角形中叶曲面表示重组，它在控制平面上的投影为尖点型区域——分岔集，当 (u,v) 处于该集内的时候，曲面有 3 层，即一对 (u,v) 对应着 3 个 x 的值，表示这时的组织状态不稳定。

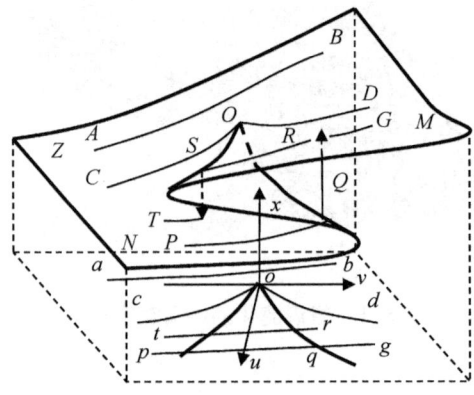

图 3-3　组织演化模型途径分析

分析组织演化模型途径图 3-3，可得出组织演化的 4 种典型途径。

途径 1：当 u 和 v 值都很小时，折叠消失在点 O 上，就是说竞争和合作变量趋于 0 时，组织几乎不存在了，这时也就无所谓组织形式区分了。

途径 2：如果 u 和 v 分别沿着 oc 和 od 曲线运动，没有通过尖角形的折叠区，那么对应在状态曲面上的状态变量组织规模值就沿着 OC 和 OD 平滑连续的变化。很容易看出，在组织的演变过程中，可以渐变为网络组织，也可以连续地发展为机械式组织，证明了组织形成存在渐变过程。

途径 3：当 u 和 v 沿着曲线 ab 运动时，绕过了尖角形的折叠区，组织规模值在状态曲面上就沿着 AB 平滑连续的变化。此时不出现飞跃而达到网络组织状态，这就说明了只要合作与竞争变量绕过临界点，在组织的演变过程中，机械式组织经过一系列似机械组织非机械组织、似网络组织非网络组织的中间过渡状态最终演化为网络组织，即通过此路径可在机械式组织基础上渐变形成网络组织。

途径 4：u 和 v 沿 pq（或 rs）方向变化时，竞争 u 不变且合作 v 增加（或减少）。此时，组织规模在下叶曲面沿 PQ（或 RS）连续变大（或减小），这是渐变的过程。当到达折叠的边缘 Q（或 S）点时，竞争 v 的稍微增大（或减小），组织的规模就由下叶曲面 N 的机械组织形式突然上升到上叶曲面 M 的网络组织形式（由上叶曲面 M 的网络组织形式突然下降到下叶曲面 N 的机械组织形式），发生了不连续变化，即突变。

综上所述，图 3-3 给出的在竞争与合作影响下网络组织的演化途径，可分为两类：第一类是网络组织的渐变过程，包括：AB 是从下叶曲面演化到上叶曲面，表示组织从机械式组织到网络组织的连续演化过程；OD 表示网络组织的渐变形成；第二类是以 PQG 和 RST 为代表的突变过程。

由此证明了网络组织演化的两种途径：第一种连续性演化称为"渐进式变革"，即"渐变"，将第二种不连续性演化称为"突变"。一般来说，渐进式变革意味着对既有的组织形态进行小幅度、持续性的修改、完善，以达到提高组织效率的目的。它不会造成巨大的人员变动和权力、资源分配的巨大变化。相反，第二种不连续演化相当于组织重建，是对组织结构、权力、资源分配和利益的重新配置。它表现为对流程再造的同时，也意味着要改变许多组织特征。

3.3.2 网络组织演化途径的复杂性

通过对图 3-3 的分析，本研究证明了复杂的网络组织演化过程可归结为渐变和突变两种类型。在这两类演化过程中孕育着复杂的组织演化特征，即在演化过程中组织的动态行为所涌现的复杂性特征。

（1）双模态。图 3-3 中上叶曲面和下叶曲面分别对应网络组织和机械式组织两种不同的组织形式。而折叠部分表示了这两种组织在相同大小的合作与竞争作用下是可以同时存在的。这与不同类型的组织形式存在和它们所处的环境密不可分是不矛盾的。从微观角度，这两种模式下组织具体结构的多样化存在，更是丰富了组织演化的内容，增加了组织演化的复杂性。

（2）不可达性。两个稳定状态之间折叠的区域即中间叶面的状态值是取不到的，即不可达性。组织在这一阶段处于发展中的重组过程，组织规模动荡，有些学者认为这时的组织位于混沌边缘[176]。组织发展势必要跨越这些点，直到到达一个稳定态，组织的突变由此发生。这也说明，组织的发展并不总是渐进的序列化过程，而是存在中断。这样的断裂存在，势必成为组织形式突变的"孵化器"。

（3）发散性。图3-4中 EF 和 $E'F'$ 代表了起点非常相近的两个组织却采取完全不同的组织形式。在临界点附近合作的微小变化可以导致组织选择截然不同的发展形式，即组织演化存在自组织临界状态。在自组织工作条件下，组织能对环境中的不同程度的扰动做出反应，特别是在自组织临界状态组织对细微变化具有高度的敏感性。尤其是发生对组织生存起关键作用的事件时，组织以最大限度的敏感性保持高度的警觉。因此，处于自组织临界状态的组织被认为是最有活力的组织[177]。

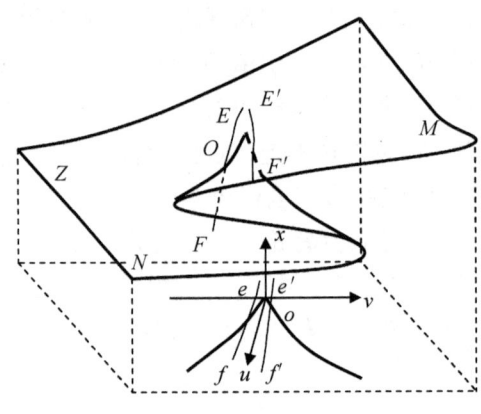

图3-4　发散性

造成发散性的原因之一是组织存在着保持与开始时同样姿态的趋势，即组织演化具有路径的依赖性特征。所谓路径依赖性是指对组织以往的行为、惯例表现出的惯性的继承和发扬。因此，组织在演化起始处的状态和经验对其发展具有重要影响。由于发散性总是发生在分叉点附近，所以正确识别分叉点并采取有效的决策选择合适的发展道路，成为对组织管理人员的挑战。

（4）突跳。在临界点上，组织表示出强烈的不稳定性，只要竞争与合作有微小的变化，就可能引起组织结构的重大调整。无论是从上叶曲面的网络组织跳跃到下叶曲面机械式组织 RST 还是相反的过程 PQG，都经历了两种稳定组织形式间的突跳。每一次的突跳都是对原有组织形式的一次抛弃，结果都是一次创新。正如 Stacey（1995）所言，运用正确的方法和战略，借助不稳定性和危机产生创新，是组织实现发展的契机[178]。

突跳性也证明了，组织演化是集"适应"和"选择"的融合，即组织演化不只是在适应环境中渐变，而且存在环境对组织的选择机制。当过去的演化成为未来的绊脚石时，组织必须要突变。当然，正确对待环境选择，适时地主动实施突变，要比被动地为摆脱渐变带来的路径依赖"刚性"可能造成的组织灾难而实施的突变更经济，更容易成功。

（5）滞后性。组织演化过程并非严格可逆，存在滞后现象，即从上到下和从下到上的突跳点位置不同，在图 3-5 中 RST 和 PQG 的突跳点 S 和 Q 位置不同。这是因为，突跳的原因消失之后，突变的结果仍然会持续，要想做一次逆向的突变就需要比原有突变更强烈的动因，即组织需要超量积累，以破坏现有系统的惯性，建立更具适应性的新组织形式。学习是组织实现超量积累的捷径，向环境学习和"历史"中学习都是为主动探索向更好的组织状态进化所做的准备。

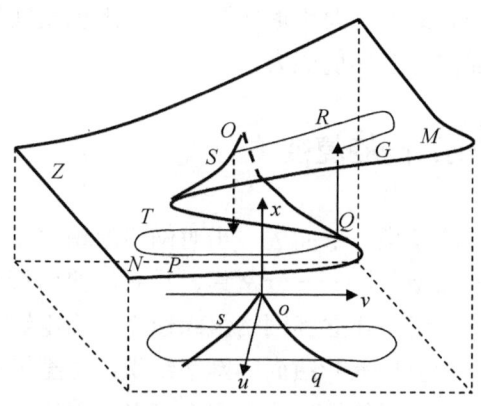

图 3-5　突跳和滞后性

（6）多径性。组织可以通过控制变量变化的不同迹线或路径来实现，即处于状态曲面 Z 中的一组织点 Y 可以由沿一条光滑迹线 I 达到；也可通过突跳路径 II 实现，如图 3-6 所示。多径性是组织容许差异和利用差异的表现。承认组织中存在差异，能够识别差异，并采取稳妥或积极的不同态度，主动或被动的不同环境应对策略，可以在复杂环境变化中选择一条适合自己的发展道路。所谓"条条道路通罗马",就是组织在演化中将有意义的差异传播和放大的结果,也为组织演化带来更多的发展机遇。

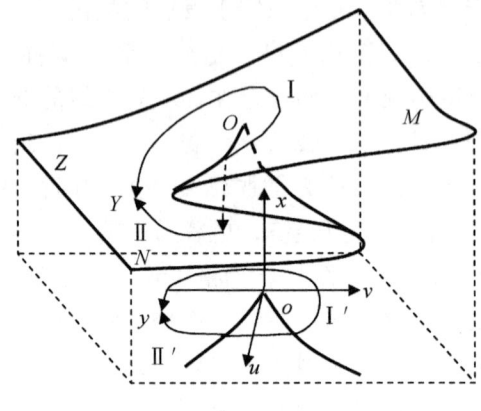

图 3-6 多径性

可见,网络组织演化复杂性是其在演化过程中复杂行为特征的涌现,是组织进化的必然属性。它的存在一方面使网络组织演化变得不易控制,增加了管理的难度;另一方面更有助于形成更广阔的组织发展与创新空间,也使网络组织具有了更强的适应环境能力。

3.4 网络组织演化时间的复杂性

基于组织演化势能模型,下面进一步对网络组织演化时间的复杂性进行探讨。控制平面上的点型区域——分岔集,是状态曲面折叠部分的投影,左右边界分别表示机械式组织建立和网络组织建立。当组织在状态曲面上演化经过折叠边界时,可能会从上叶曲面的网络组织跌落至下叶曲面,形成机械式组织;也可能从下叶曲面的机械式组织突变形成网络组织,这样构成了两个组织的建立边界[179]。

3.4.1 网络组织运行轨道模型

基于组织演化势能模型,下面进一步对网络组织演化时间的复杂性进行探讨。当网络组织的演化处于渐变过程,即 u 和 v 的变化是连续的,且它们的变化率为其自身和对方制约,因而可设微分方程:

$$du/dt = P(u,v); \tag{3-12}$$

$$\mathrm{d}v/\mathrm{d}t = Q(u,v)。 \tag{3-13}$$

其中，$P(u,v)$ 和 $Q(u,v)$ 为 u 和 v 的非线性函数。该方程应具备以下条件：

1) 竞争的增长不可抑制，即 $\mathrm{d}u/\mathrm{d}t = P(u,v) > 0$，并且它具有自繁殖性，即 $\partial P/\partial u > 0$；

2) 合作的增大使竞争的增长变慢，即 $\partial P/\partial v < 0$；

3) 竞争大到一定程度时将使合作下降，即 $\mathrm{d}v/\mathrm{d}t = Q(u_1, v) < 0$，当 u_1 很大时。

所以，网络组织的演化轨线可表示为：

$$\mathrm{d}v/\mathrm{d}u = Q(u,v)/P(u,v)。 \tag{3-14}$$

根据条件 1) 和条件 3) 可知，当 v 较小时，轨线的斜率是增加的，到达一定的 u 值后斜率减小，并在某个较大的 u 值后成为负的。由于常微分方程存在唯一解，网络组织的演化轨线不会相交，如图 3-7 所示。

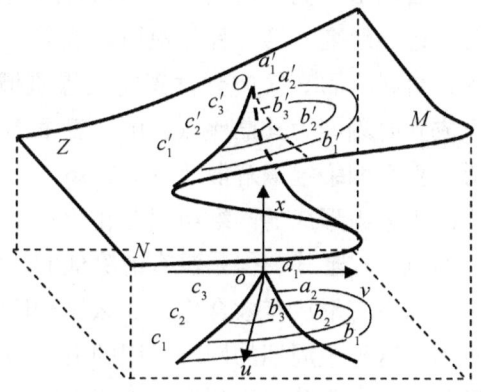

图 3-7　网络组织演化轨线

3.4.2　网络组织演化时间的复杂性

网络组织演化的时间复杂性表现如下。

首先，网络组织形成时的竞争越小，它的演化时间就越长。令 $v = f(u)$，a 和 c 分别为网络组织运行轨道的起点和终点，那么网络组织的演化时间为：

$$T_1 = \int_{abc} \mathrm{d}t = \int_{u_c}^{u_a} \mathrm{d}u/P(u, f(u))。 \tag{3-15}$$

选取两条网络组织运行轨道 $a_1 b_1 c_1$ 和 $a_2 b_2 c_2$，那么它们相应的演化时间就可表示为：

$$T_1 = \int_{a_1b_1c_1} dt = \int_{u_{c_1}}^{u_{a_1}} du/P(u,f_1(u)), \text{其中} v_1 = f_1(u); \quad (3-16)$$

$$T_2 = \int_{a_2b_2c_2} dt = \int_{u_{c_2}}^{u_{a_2}} du/P(u,f_2(u)), \text{其中} v_2 = f_2(u)。 \quad (3-17)$$

根据条件1）$P(u,v) > 0$，以及条件2）$v_1 > v_2$ 使得 $P(u,f_1(u)) < P(u,f_2(u))$，容易从数学上证明，$T_1 > T_2$，即网络组织处于外围的轨道对应较大的 T 值。网络组织内部竞争积累的程度和它的演化时间长短有着深刻的内在联系。

其次，网络组织的运行轨道可分为长周期和短周期两种。第一种长周期轨道两次经过分岔集右边界，也就是说，长周期网络组织有一段处于分岔集右侧区域的轨道，此时网络组织向上发展；后经过鼎盛点再次通过分岔集右边界，进入分岔集尖角区内。说明该网络组织在创立初期加强合作，其规模得到了很好的发展，中后期由于竞争加剧，内部矛盾凸显，网络组织开始动荡，并逐渐向分岔集左边界蜕变。第二种是短周期轨道，它没有长周期轨道第一阶段的发展过程，自建立后直接向分岔集左边界机械式组织方向演化。这种短周期网络组织成立时刻即为其鼎盛点，由于竞争不变，合作失效，自它成立起就开始下滑，直至网络组织解散，寿命较短。

再次，由机械式组织重组形成的网络组织存在比较困难。这是因为网络组织虽然打破了原有的机械式形式，但是没有消除他们之间的竞争，倘若措施不得力，网络组织内部没有形成有效合作，那么这种网络组织的演化时间较短。但是也可以看到，这种短周期的网络组织的失败为网络组织长周期的演化积累了丰富的经验。只有充分认识到网络组织内部合作的重要性，那么在竞争加剧时，短周期网络组织结束时的状态将有利于重新组成网络组织，并且趋向运行于外围轨道，即新的网络组织将是长周期的。

最后，长周期网络组织的演化轨道在外围，越是处于外围轨道的网络组织，后期的竞争就越激烈，合作减弱效果越明显。因此，即使在长周期轨道的后期改进组织制度，完善组织体系，也只能缓解组织内部矛盾，延长组织寿命。可见，在网络组织成长期加强合作与交流，不仅可以减缓内部竞争，更有利于网络组织长期的演化。反过来讲，鉴于那些不可避免的成员竞争，组织可运行于网络组织短周期轨道，这样不仅可以实现敏捷协作，而且组织更加灵活，更能适应环境和任务的需要。

3.5 网络组织的重新界定

网络组织演化呈现复杂性的原因很多，但是以上演化过程中所呈现的复杂特性，体现了组织不仅在他组织外部推动力下能对环境变化产生复杂的反应，同时从简单的规则产生出复杂的内部相互作用形成的自组织行为，最终使得组织系统与环境共同进化。网络组织是典型的复杂适应系统[180]。

首先，组织的自组织特性加剧了其演化的复杂性。机械式组织通过精确熟练而详尽的规范，达到经由精确复杂的系统规则去形成一个简单的过程和简单的结果来处理组织问题。正是大量的规则、正式化的制度和等级森严的权力结构对环境的详尽描述，使简单的组织演化存在了复杂的过程。而网络组织借助柔性松散的结构和便捷的沟通，使得敏捷性和虚拟性成为演化复杂性的显著体现。特别是网络组织充分利用组织内部的能力和资源，通过自成长、自复制、自适应等自组织形式来实现内部的协调和平衡，达到从不平衡到平衡、从无序到有序的发展。而组织内部资源的整合提高了学习能力和创新能力，加速了知识在组织内部的流动，更是促进了从低级有序向高级有序的进化。林润辉指出了网络组织的复杂性特征，其自组织性说明网络组织是一个非线性复杂系统[181]。

其次，他组织通过不确定的环境既能给网络组织演化带来威胁，也能带来机会。任何一个网络组织都是开放的，处于动荡环境中的组织必然存在竞争，而竞争又促进了合作，扩大了网络组织的范围。当然，推动网络组织演化的力量也可以来自组织外部。根据组织力的特点，他组织有3种类型：指令式（如指令性计划、命令和控制），诱导式（如政策引导和启发式教育）和限定边界条件式（如管理、法律和规定）等[165]。哈肯（1983）指出"显然，自组织系统与人工装置之间的分界线并非严格的。在人工装置中，人设定的某些边界条件使组分的自组织成为可能；在生物系统中，一系列自我设定的条件允许并指导着自组织。"[182]可见，他组织和自组织可以相互转化，而这些干预网络组织演化的各种他组织力，又可以转化为自组织力。具体而言，他组织力促进竞争，一方面造就了组织远离平衡态的自组织演化条件，另一方面推动了组织结构和功能的优化升级。另一些他组织力吸引那些主动的、有选择的合作促进组织间的学习，加速知识的扩散，尤其是隐性知识的挖掘和传播，在提高网络组织竞争优势的同时必然加剧其发展的复杂性。他组织力转化为自组织力，通过自组织力来起作用，对网络组织演化起了非常重要的作用。因此，面对动荡变化的环境，他组织是致使组织演化呈现复杂性的又一个动因。

鉴于上述网络组织演化的复杂性，认识到渐变和突变共生于复杂的网络组织演变过程，并呈现出双模态、不可达性、发散性、突跳、滞后性和多径性等复杂性特征，和演化时间上存在的复杂性，都是自组织与他组织共同作用的结果。成思危教授认为："复杂系统最本质的特征是其组分具有某种程度的智能，即具有了解其所处的环境，预测其变化，并按预定目标采取行动的能力。"网络组织主体对外界具有高度应变能力，具有很强的学习能力和适应性，它的演化是一个高度自组织过程，具有动态协同进化特征[183]。因此，本书前面提出的网络组织概念认为，它是一种由多个独立的实体为实现其网络战略目标，获取竞争优势而形成的具有复杂关系的动态网络结构组织，还应说明网络组织是一种由多个独立实体（该实体具有主动性和适应性）在合作竞争共同作用下组成的组织系统，而且该系统具有复杂的演化特征。这样具有复杂适应性网络组织则是与环境、技术复杂性相适应的超组织形式。

3.6 本章小结

对于难以定量描述的网络组织演化复杂过程，本章通过构造组织演化势能模型，应用尖点突变理论分析了网络组织演化的途径和时间上的复杂性，可以得到下面的结论与启示：

（1）网络组织演化过程有渐变和突变两种途径。渐变是连续地通过了一系列稳定的中间状态，没有真正改变原来组织系统的规律，因而渐变只可能是局部的；而突变不断地矫正组织轨道向着正确的方向，而非如何在现有的轨道上跑得更快。不管是渐变还是突变都是组织演化的方式，而突变是摆脱组织路径依赖性的出路，它使组织变革更加敏锐。

（2）网络组织在演化途径中表现出了双模态、不可达性、发散性、突跳、滞后性和多径性等复杂性特征。

（3）网络组织演化轨道难以定量描述，故通过定性的分析网络组织演化时间，比较了长周期和短周期运行的轨迹和条件，说明在网络组织演化时间复杂性背后，加强合作有利于延长网络组织寿命，而短周期网络组织的存在也正体现了网络组织灵活敏捷的特性。

  网络组织演化的复杂性不仅是对外部环境的适应，还是组织系统内部的自组织的结果。在自组织和他组织的共同作用下，由活性结点组成的网络组织是在竞合共同作用下具有复杂演化特征的复杂适应系统。由此，我们要更深刻地理解竞合在网络组织演化的作用机制，以寻找有效的网络组织发展道路。

第四章 网络组织演化的动力学分析

Lissack（1999）曾说过："若我们想理解组织，以及什么使组织成为现在这个样子，复杂科学可能不只是我们最有力的工具，而且是目前唯一的工具[184]。"复杂理论着重揭示客观事物特征，因而适用于对组织进行研究。作为复杂系统研究的重要方法之一的动力系统[185-186]，其概念起源于19世纪末对动力学问题中常微分方程的定性研究。该理论主要研究随时间演化的系统的全局定性行为。在生态种群学中动力学方程特别是有限时间内系统自我维持的稳定状态的研究，不仅可以揭示系统的生态规律，而且为防止现有系统退化，解决退化系统的修复与重建提供科学决策。

本章将构造网络组织演化的动力学模型，从稳定性角度下考虑网络组织演化趋势，模拟各种网络组织演化情况。重点分析网络组织存在的条件，旨在揭示成员间的合作竞争在网络组织形成中的重要作用，为网络组织及成员的发展提供参考[187]。

4.1 网络组织演化的动力学模型

假设 x 表示网络组织中某单个成员的发展规模，可用总资产、利润或市场占有率等指标来表示。当它单独生存时，符合 Logistic 增长规律，即 r 表示该成员依据自身的核心能力发展的增长率，k 表示由于资源稀缺限制成员实体所能形成的最大规模，那么可以用以下的动力学方程来表示其增长模式，即：

$$\frac{\mathrm{d}x}{\mathrm{d}t} = rx(1 - x/k)。 \tag{4-1}$$

但是，网络组织是一个复杂的非线性动力系统。它是基于共同目标或价值取向的活性结点联结而成的有机组织系统[33]，其成员之间存在着竞争合作、复杂的网络关系。因此，根据二维竞合框架，网络组织中的各成员关系归纳为两类：一种是互利的合作关系，即成员间互相帮助，相互依赖而生存；另一种是对抗性的竞争关系，即各成员共同利用同一市场或资源而相互干扰，或受到抑制。

所以，可假设 x_i 表示参与网络组织成员 i 的发展规模；r_i 表示参与网络组织成员 i 依据自身核心能力发展的增长率；k_i 表示成员实体 i 所能形成的最大规模，$k_i > 0$ 且 $\sum k_i$ 受资源稀缺限制；h_{ij} 为合作系数，表示成员 j 对网络组织中成员 i 的合作作用强度，$0 < h_{ij} < 1$；l_{ij} 为竞争系数，表示成员 j 对网络组织中成员 i 的竞争作用强度，$0 < l_{ij} < 1$。

考虑上述各种因素，基于式（4-1），可构造网络组织系统的动力学方程为：

$$\frac{dx_i}{dt} = r_i x_i \left(1 - \frac{x_i}{k_i} + \sum_{j,j \neq i} h_{ij} x_j - \sum_{j,j \neq i} l_{ij} x_j \right)。 \quad (4-2)$$

本研究以两个成员构成的网络组织为例，方程可简化为：

$$\begin{cases} \dfrac{dx_1}{dt} = r_1 x_1 \left(1 - \dfrac{x_1}{k_1} + h_{12} x_2 - l_{12} x_2 \right) \\ \dfrac{dx_2}{dt} = r_2 x_2 \left(1 - \dfrac{x_2}{k_2} + h_{21} x_1 - l_{21} x_1 \right) \end{cases}。 \quad (4-3)$$

其中，x_1 是网络组织中成员 1 的发展规模，x_2 是网络组织中成员 2 的发展规模。式（4-3）代表了网络组织成员 x_1 和成员 x_2 的发展规模受到资源及与对方竞争和合作的影响后的动力系统。当 $h_{12} - l_{12} > 0$，$h_{21} - l_{21} > 0$ 时，式（4-3）表示合作主导型网络组织，反映了合作是互利的正作用，可认为这种互惠关系使网络组织中两个成员的发展规模提高；当 $h_{12} - l_{12} < 0$，$h_{21} - l_{21} < 0$ 时，式（4-3）表示竞争主导型网络组织，反映了网络组织成员的竞争排斥原理：竞争的结果是强者生存，弱者被淘汰。另外，在 $h_{12} - l_{12} < 0$，$h_{21} - l_{21} > 0$ 和 $h_{12} - l_{12} > 0$，$h_{21} - l_{21} < 0$ 时，兼并型网络组织存在。

4.2 模型稳定性分析与演化模拟

4.2.1 模型稳定性分析

所谓平衡点即不动点，就是系统在时间趋向无穷大时的解。研究平衡点的物理意义在于了解系统的发展方向、特点和最终状态。以下将应用稳定性分析理论讨论不动点的稳定性，进而研究网络组织系统的演化问题。

令式（4-3）右边为 0，可以得到 4 个不动点，即：
$A(0,0)$，$B(k_1,0)$，$C(0,k_2)$，
$D\left\{\dfrac{k_1 + (h_{12} - l_{12})k_1 k_2}{1 - (h_{12} - l_{12})(h_{21} - l_{21})k_1 k_2}, \dfrac{k_2 + (h_{21} - l_{21})k_1 k_2}{1 - (h_{12} - l_{12})(h_{21} - l_{21})k_1 k_2}\right\}$。

由稳定分析理论可知：

（1）在 $A(0,0)$ 点处的 Jacobian $= \begin{bmatrix} r_1 & 0 \\ 0 & r_2 \end{bmatrix}$，特征值为 r_1 和 r_2。可见，$(0,0)$ 是不稳定的结点，即参与网络组织成员在规模为 0 的情况下，网络组织不可能存在。

（2）在 $B(k_1,0)$ 点处的 Jacobian $= \begin{bmatrix} -r_1 & r_1 k_1(h_{12} - l_{12}) \\ 0 & r_2(1 - l_{21}k_1 + h_{21}k_1) \end{bmatrix}$，特征值为 $-r_1$ 和 $r_2(1 - l_{21}k_1 + h_{21}k_1)$。若 $r_2(1 - l_{21}k_1 + h_{21}k_1) < 0$，即 $1 - l_{21}k_1 + h_{21}k_1 < 0$，则不动点为稳定的汇结点，成员 1 达到最大规模。若 $1 - l_{21}k_1 + h_{21}k_1 > 0$，则不动点为不稳定的鞍点。

（3）在 $C(0,k_2)$ 点处的 Jacobian $= \begin{bmatrix} r_1(1 - l_{12}k_2 + h_{12}k_2) & 0 \\ r_2 k_2(h_{21} - l_{21}) & -r_2 \end{bmatrix}$，特征值为 $r_1(1 - l_{12}k_2 + h_{12}k_2)$ 和 $-r_2$。此时情况类似 $B(k_1,0)$ 点。

（4）在 $D\left\{\dfrac{k_1 + (h_{12} - l_{12})k_1 k_2}{1 - (h_{12} - l_{12})(h_{21} - l_{21})k_1 k_2}, \dfrac{k_2 + (h_{21} - l_{21})k_1 k_2}{1 - (h_{12} - l_{12})(h_{21} - l_{21})k_1 k_2}\right\}$ 点处的 Jacobian $= \begin{bmatrix} E & F \\ G & H \end{bmatrix}$，其中 $E = \dfrac{r_1(1 - k_2 l_{12} + k_2 h_{12})}{(k_2 l_{12} - k_2 h_{12})(k_1 l_{21} - k_1 h_{21}) - 1}$；$F = \dfrac{r_1 k_1(k_2 h_{12} - k_2 l_{12})(k_2 l_{12} - k_2 h_{12} - 1)}{k_2[(k_2 l_{12} - k_2 h_{12})(k_1 l_{21} - k_1 h_{21}) - 1]}$；$G = \dfrac{r_2 k_2(k_1 h_{21} - k_1 l_{21})(k_1 l_{21} - k_1 h_{21} - 1)}{k_1[(k_2 l_{12} - k_2 h_{12})(k_1 l_{21} - k_1 h_{21}) - 1]}$；$H = \dfrac{r_2(1 - k_1 l_{21} + k_1 h_{21})}{(k_2 l_{12} - k_2 h_{12})(k_1 l_{21} - k_1 h_{21}) - 1}$ 的特征根方程中，$\Delta = -\dfrac{r_1 r_2(1 - k_2 l_{12} + k_2 h_{12})(1 - k_1 l_{21} + k_1 h_{21})}{(k_2 l_{12} - k_2 h_{12})(k_1 l_{21} - k_1 h_{21}) - 1}$，$\tau = \dfrac{r_1(1 - k_2 l_{12} + k_2 h_{12}) + r_2(1 - k_1 l_{21} + k_1 h_{21})}{(k_2 l_{12} - k_2 h_{12})(k_1 l_{21} - k_1 h_{21}) - 1}$。

如果 $1 - l_{12}k_2 + h_{12}k_2 < 0$，$1 - l_{21}k_1 + h_{21}k_1 < 0$；$\Delta < 0$ 则平衡点 D 为鞍点，此时网络组织处于不稳定状态；如果 $1 - l_{12}k_2 + h_{12}k_2 > 0$，$1 - l_{21}k_1 + h_{21}k_1 > 0$；$\Delta > 0$ 则平衡点 D 不是鞍点。当 $\tau < 0$ 时，如果 $\tau^2 - 4\Delta > 0$ 则为稳定的结点；如果 $\tau^2 - 4\Delta < 0$ 则为稳定的焦点。

因此有以下 4 种情况：

情况 1：$1 - l_{12}k_2 + h_{12}k_2 > 0$，$1 - l_{21}k_1 + h_{21}k_1 > 0$。网络组织向 D 点演化，其中 $A(0,0)$ 是不稳定结点，$B(k_1,0)$ 与 $C(0,k_2)$ 都是鞍点，而 D 点是稳定结点。表现为强合作弱竞争，即在竞争成员 1 的资源中成员 2 较弱，而在竞争成员 2 的资源中成员 1 较弱，而有效合作使得双方资源互补，于是可以达到一个共存的、稳定的平衡状态 D。

情况 2：$1 - l_{21}k_1 + h_{21}k_1 < 0$，$1 - l_{12}k_2 + h_{12}k_2 > 0$。网络组织向 B 点演化，其中 $A(0,0)$ 是不稳定结点，$B(k_1,0)$ 是稳定结点，而 $C(0,k_2)$ 都是鞍点。$1 - l_{12}k_2 + h_{12}k_2 > 0$ 意味着在对供养 1 的资源的竞争中 2 弱于 1。$1 - l_{21}k_1 + h_{21}k_1 < 0$ 意味着这是由于存在激烈的竞争，成员 1 凭借较强实力兼并了成员 2，网络组织成员合二为一，成员 1 趋向最大规模，即 $B(k_1,0)$。

情况 3：$1 - l_{12}k_2 + h_{12}k_2 < 0$，$1 - l_{21}k_1 + h_{21}k_1 > 0$。网络组织向 C 点演化，与情况二相反。

情况 4：$1 - l_{12}k_2 + h_{12}k_2 < 0$，$1 - l_{21}k_1 + h_{21}k_1 < 0$；$\Delta < 0$。$D$ 点为鞍点，网络组织将远离 D。其中 $A(0,0)$ 仍是不稳定结点，$B(k_1,0)$ 与 $C(0,k_2)$ 都是稳定结点。以鞍点分界线 OD 为界，把象限划分成两个角形区，视两个成员的初始状态落入角形区情况，对应轨线将向 B 或 C 演化，而另一成员将被兼并，即网络组织演化态势转向情况二或者情况三。

4.2.2 网络组织的演化模拟

当 $h_{12} - l_{12} < 0$，$h_{21} - l_{21} < 0$ 时为竞争主导型网络组织，利用 Maple 对模型的上述 4 种情况进行模拟，并做出图形，如图 4-1 中（a）、（b）、（c）和（d）所示，图中横坐标表示成员 1 的发展规模 x_1，纵坐标表示成员 2 的发展规模 x_2。

改变其中的一些参数可以得到 $h_{12} - l_{12} > 0$，$h_{21} - l_{21} > 0$ 时合作主导型网络组织的演化图形，如图 4-2 所示。$A(0,0)$ 是不稳定结点，$B(k_1,0)$ 与 $C(0,k_2)$ 都是鞍点，随着时间的增长，两个成员通过互助合作，规模都得到了增加。

另外在 $h_{12} - l_{12} < 0$，$h_{21} - l_{21} > 0$ 时，其兼并型网络组织的相图分别如图 4-3 中（a）和（b）所示。图（a）中，当 $1 - l_{12}k_2 + h_{12}k_2 < 0$，$1 - l_{21}k_1 + h_{21}k_1 > 0$ 时：$A(0,0)$ 是不稳定结点，$B(k_1,0)$ 是鞍点，而 $C(0,k_2)$ 是稳定结点，最终是成员 2 规模趋于最大值，常数 k_2，而成员 1 被兼并。图（b）所示，当 $1 - l_{12}k_2 + h_{12}k_2 > 0$，$1 - l_{21}k_1 + h_{21}k_1 > 0$ 时：$A(0,0)$ 是不稳

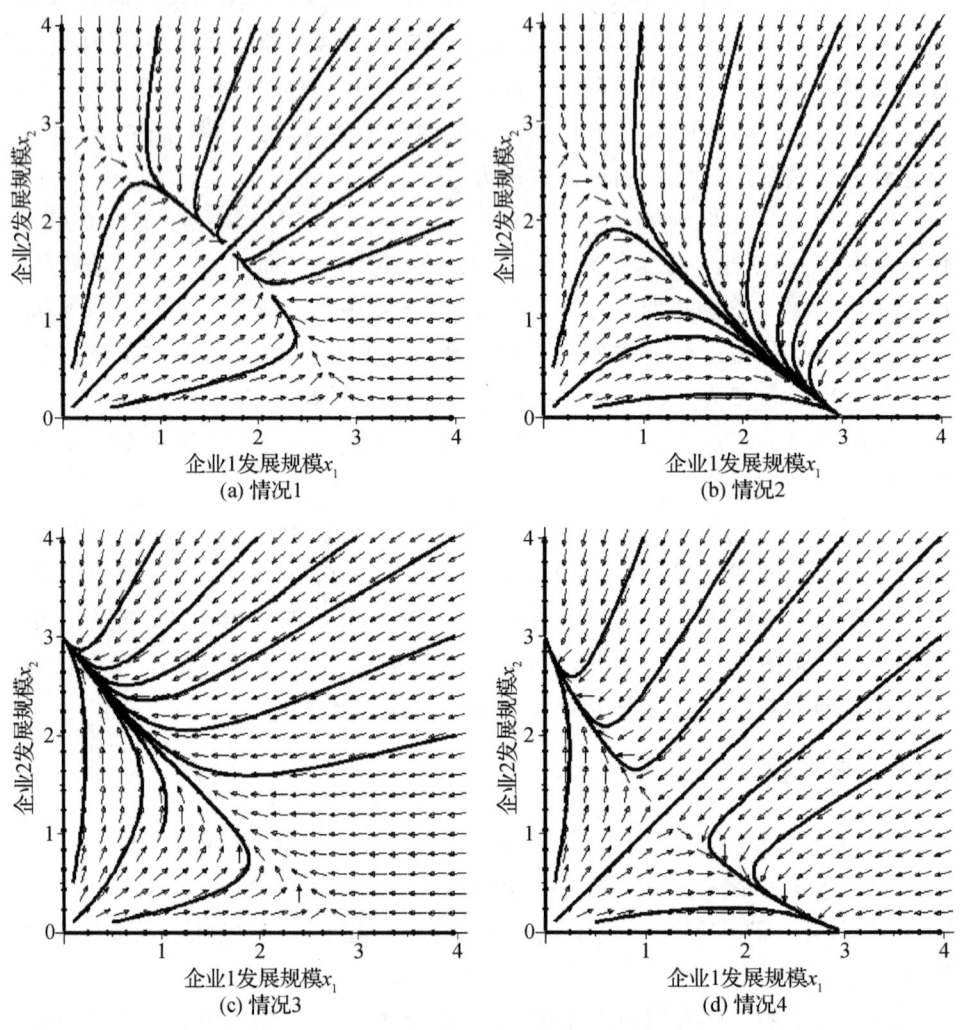

图 4-1 竞争型网络组织演化

定结点，$B(k_1,0)$ 与 $C(0,k_2)$ 是鞍点，而 D 是稳定结点。竞争的结局是成员 1 和成员 2 的规模分别趋于 D 点坐标，成员 1 不能完全兼并成员 2，双方动态地达到稳定平衡。另一种兼并形式，即 $h_{12} - l_{12} > 0$，$h_{21} - l_{21} < 0$，情况类似，不再赘述。

由上可知，模拟相图结果与分析结果完全吻合，进一步证明了模型的正确性。

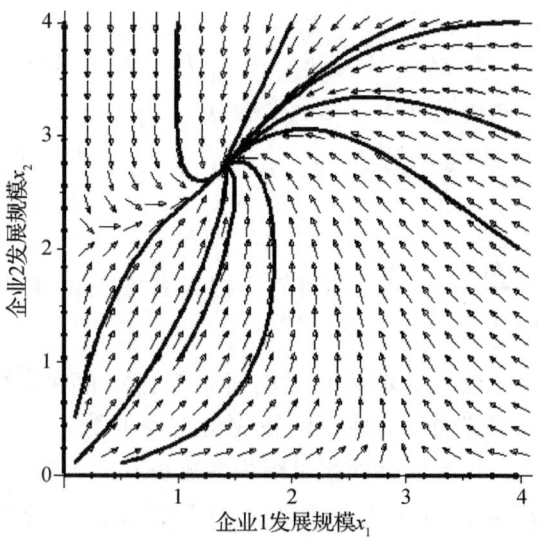

图 4-2　合作主导型网络组织演化

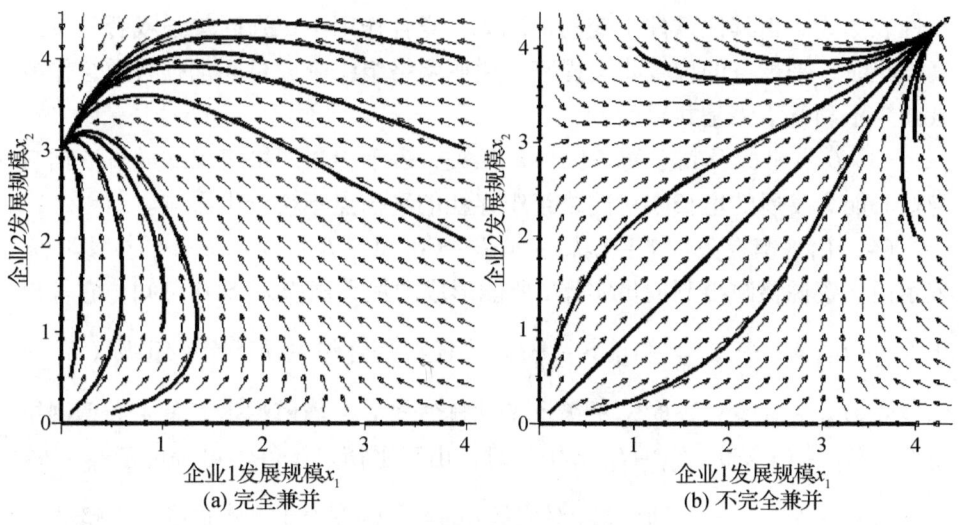

(a) 完全兼并　　　　　　　　　(b) 不完全兼并

图 4-3　兼并型网络组织演化

4.3　讨论

从以上研究中可以看出，较为普遍的网络组织发展结局为平衡态 D

$\left\{ \dfrac{k_1+(h_{12}-l_{12})k_1k_2}{1-(h_{12}-l_{12})(h_{21}-l_{21})k_1k_2}, \dfrac{k_2+(h_{21}-l_{21})k_1k_2}{1-(h_{12}-l_{12})(h_{21}-l_{21})k_1k_2} \right\}$，是一个理想而有意义的局面。为此将进一步讨论该平衡点。

（1）将 D 点的坐标变形为 $D\left\{ \dfrac{1+(h_{12}-l_{12})k_2}{\dfrac{1}{k_1}-(h_{12}-l_{12})(h_{21}-l_{21})k_2}, \dfrac{1+(h_{21}-l_{21})k_1}{\dfrac{1}{k_2}-(h_{12}-l_{12})(h_{21}-l_{21})k_1} \right\}$，即可知，提高各成员的最大规模 k_1 和 k_2，平衡点的坐标值相应变大，那么它对网络组织稳定存在的效果是非常有利的。事实上，由于资源的稀缺性，仅凭成员自身的能力提高各自的 k_i 值是非常困难的。因此，只有通过网络组织中各成员互助合作，充分、有效地利用资源，网络组织才能真正发挥其群体优势，成员的规模才将会有新的发展。

（2）D 点坐标由复杂的竞合关系构成，即为含有 $h_{12}-l_{12}$ 和 $h_{21}-l_{21}$ 的非线性表达式。当其他条件不变的情况下，竞合作用中正强度加强或者是负强度减小时，平衡点的位置将会提高，说明网络组织中成员间加强有效合作或者减少不利竞争将是共赢的。

（3）D 点坐标及其平衡条件与 r_i 无关，表示参与网络组织的成员依据自身核心能力发展的增长率对网络组织存在的平衡点不会产生影响。

（4）由平衡点条件 $1-l_{12}k_2+h_{12}k_2>0$，$1-l_{21}k_1+h_{21}k_1>0$，其中 k_i 表示由于资源稀缺限制成员实体 i 所能形成的最大规模 $k_i>0$ 可知，它等价于 $h_{12}-l_{12}>-\dfrac{1}{k_2}$，$h_{21}-l_{21}>-\dfrac{1}{k_1}$。当模型是合作主导型网络组织（$h_{12}-l_{12}>0$，$h_{21}-l_{21}>0$）时，平衡点条件显然成立。当模型是竞争主导型网络组织（$h_{12}-l_{12}<0$，$h_{21}-l_{21}<0$）时，由于平衡点条件还可等价于 $l_{12}-h_{12}<\dfrac{1}{k_2}$，$l_{21}-h_{21}<\dfrac{1}{k_1}$，即成员 j 对成员 i 的竞争强度大于合作强度、不超过 $\dfrac{1}{k_j}$ 时，也可以达到网络组织稳定存在。当模型是兼并型网络组织（$h_{12}-l_{12}>0$，$h_{21}-l_{21}<0$）时，由平衡点条件知条件 $1-l_{12}k_2+h_{12}k_2>0$ 显然成立，即成员 2 对成员 1 存在有效合作强度，而 $l_{21}-h_{21}<\dfrac{1}{k_1}$，即成员 1 对成员 2 的竞争强度大于合作强度、不超过 $\dfrac{1}{k_1}$ 时，也可以达到网络组织稳定存在。

另外，偏利系统（$h_{12} - l_{12} > 0$，$h_{21} - l_{21} = 0$）或者（$h_{12} - l_{12} = 0$，$h_{21} - l_{21} > 0$）和偏害系统（$h_{12} - l_{12} < 0$，$h_{21} - l_{21} = 0$）或者（$h_{12} - l_{12} = 0$，$h_{21} - l_{21} < 0$）的情况分析过程类似，偏利系统满足平衡点条件，偏害系统在竞争强度大于合作强度、不超过 $\frac{1}{k_1}$ 时，网络组织能稳定存在。

4.4 模型应用研究

企业战略联盟是一种典型的网络组织。它是由多个各自独立的企业出于对整个市场的预期和实现各自的经营战略目标的考虑，在某些利益共同点的基础上通过各种协议或契约而结成的优势互补、风险共担的松散型网络组织，如图 4-4 所示。

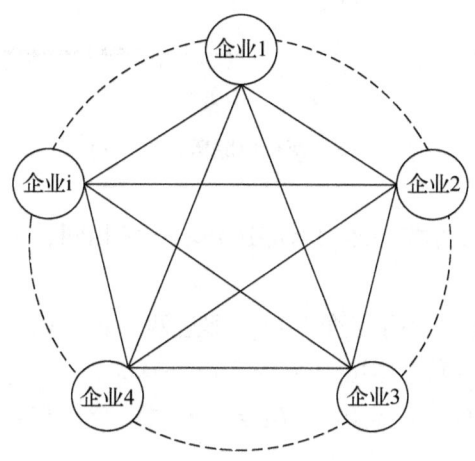

图 4-4 企业战略联盟结构

4.4.1 两企业模型应用分析

以两企业构成的战略联盟为研究对象，已知企业 1 和企业 2 的初始规模分别为 $x_1 = 1$，$x_2 = 0.5$，其他初始值为 $r_1 = 0.1$，$r_2 = 0.1$，$k_1 = 3$，$k_2 = 3$，它们之间同时存在相互合作与竞争作用。下面利用 Matlab 分析联盟企业的发展规模，进一步验证企业联盟存在的条件。在以时间为横坐标，企业发展规模为纵坐标的企业联盟情况如图 4-5 至图 4-8 中，用"－"表示企业 1

的发展规模，用"＊"表示企业 2 的发展规模。

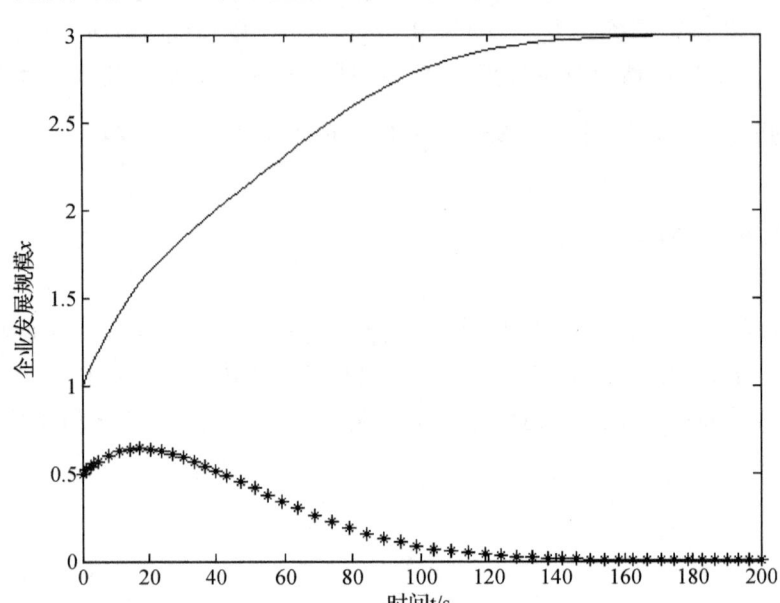

图 4-5　两企业联盟无效（1）

若它们仅依靠自身核心能力所能达到增长率相同，考虑企业联盟的演化情况。

首先考虑合作强度小于竞争强度，即这两个企业构成竞争主导型联盟的情况。当两个企业间竞合作用为 $h_{12} - l_{12} = -0.5$，$h_{21} - l_{21} = -0.5$ 时，即在 $h_{12} = 0.1$，$l_{12} = 0.6$，$h_{21} = 0.1$，$l_{21} = 0.6$ 时，合作与竞争系数的差值都小于 $-\frac{1}{3}$。从联盟企业的发展规模角度，通过图 4-5 说明这两个企业竞争激烈，导致合作无效，最终所形成的系统将走向解体，初始规模较大的一方生存，而初始规模较小的一方则走向灭亡。此时，满足竞争主导型网络组织演化情况 4。

当两个企业间竞合作用为 $h_{12} - l_{12} = -0.5$，$h_{21} - l_{21} = -0.25$ 时，即 $h_{12} = 0.1$，$l_{12} = 0.6$，$h_{21} = 0.25$，$l_{21} = 0.5$ 时，属于竞争主导型网络组织演化情况 3。由于企业 2 对企业 1 的竞争强度过大，致使企业 1 无法经营下去而被消灭，企业 2 将达到最大规模，如图 4-6 所示。当以上的两种情况出现时企业联盟终将解体。

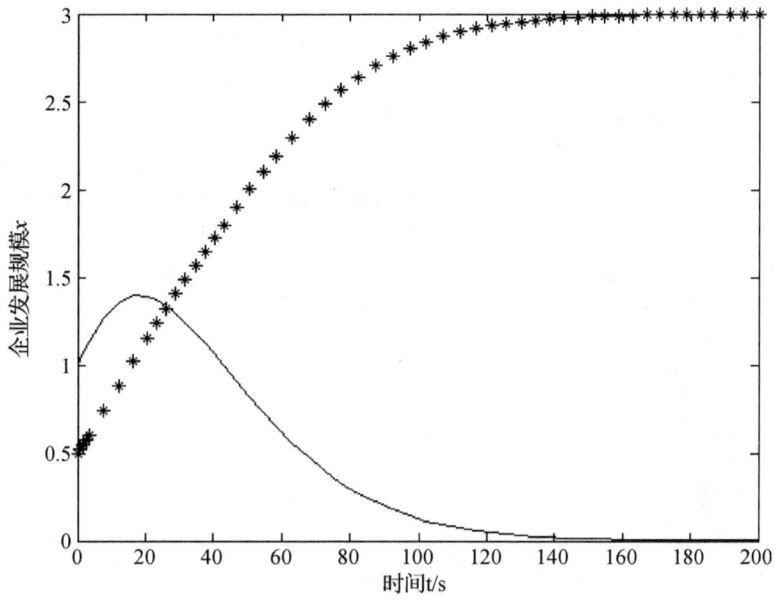

图 4-6 两企业联盟无效（2）

在两个企业间竞合作用为 $h_{12} - l_{12} = -0.25$，$h_{21} - l_{21} = -0.25$ 时，即 $h_{12} = 0.25$，$l_{12} = 0.5$，$h_{21} = 0.25$，$l_{21} = 0.5$ 时，合作与竞争系数的差值都大于 $-\frac{1}{3}$，但是成员间仍以竞争为主，属于竞争主导型网络组织演化情况 1。此时系统的平衡点为（1.7143，1.7143），如图 4-7 所示。但是企业联盟平衡点的坐标值明显低于企业发展的最大规模。可见，当竞争作用大于合作作用在阈值范围内时，联盟是可以稳定存在的。但是受较强竞争效应影响，企业的精力会浪费在相互竞争上，导致它们的发展规模不能达到最大规模。这种情况没有实现联盟的群体优势，因此是不理想的。

取两个企业间竞合作用为 $h_{12} - l_{12} = 0.1$，$h_{21} - l_{21} = 0.1$ 时，即 $h_{12} = 0.2$，$l_{12} = 0.1$，$h_{21} = 0.2$，$l_{21} = 0.1$，平衡点为（4.2857，4.2857），且该平衡点为系统的稳定平衡点，如图 4-8 所示。这表明，当合作强度大于竞争强度时，企业所能达到的规模要大于它仅依靠自身能力在经济资源稀缺性限制下所能形成的最大规模。基于竞争的合作使得联盟企业得到了整合，从而企业整体的素质都得到了提高，实现了共赢。这种情况才是真正地实现了企业联盟。

若两个企业仅依靠自身核心能力所能达到增长率不同时，即当 $r_1 =$

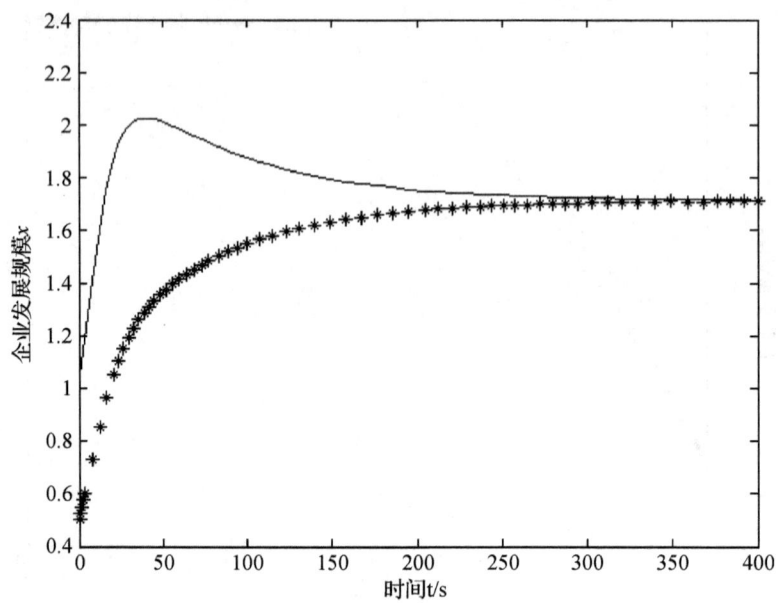

图 4-7 两企业联盟低效

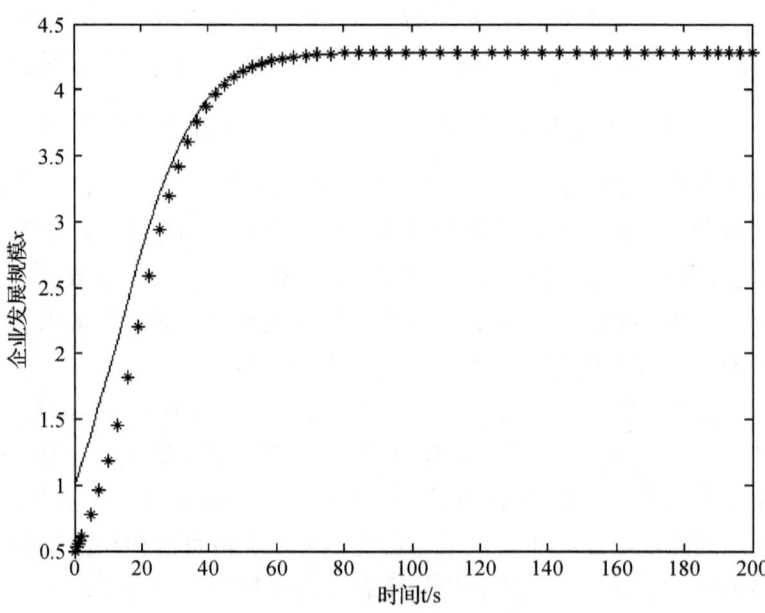

图 4-8 两企业联盟有效

0.2，r_2 = 0.1 时，其他条件保持不变，联盟结果不变，说明企业联盟最终结果与企业主体的自身增长率无关，仅与企业主体之间的合作竞争强度和所能达到的最大规模有关。

以上通过两企业联盟情况的研究，首先验证了 4.2.2 网络组织的演化模拟情况的正确性，再次从企业发展规模趋势上肯定了 4.3 讨论（4）中网络组织存在的条件。也再次证明了合作竞争在网络组织演化的作用，以及企业自身增长率与网络组织演化结果无关的重要结论。

4.4.2 三企业模型应用分析

以三企业构成企业联盟为研究对象，已知企业 1、企业 2 和企业 3 的初始规模分别为 x_1 = 0.3，x_2 = 0.5，x_3 = 1，其他初始值为 r_1 = 0.1，r_2 = 0.1，r_3 = 0.1，k_1 = 3，k_2 = 4，k_3 = 5。下面利用 Matlab 分析联盟企业的发展规模，进一步验证企业联盟存在的条件。在以时间为横坐标，企业发展规模为纵坐标的企业联盟效果如图 4-9 ~ 图 4-11 中，用 "-" "*" 和 "+" 分别表示企业 1、企业 2 和企业 3 的发展规模。

若 3 个企业各自独立，且它们之间无竞合关系，则它们按照 Logistic 规律自我成长，将达到各自的最大规模，如图 4-9 所示。

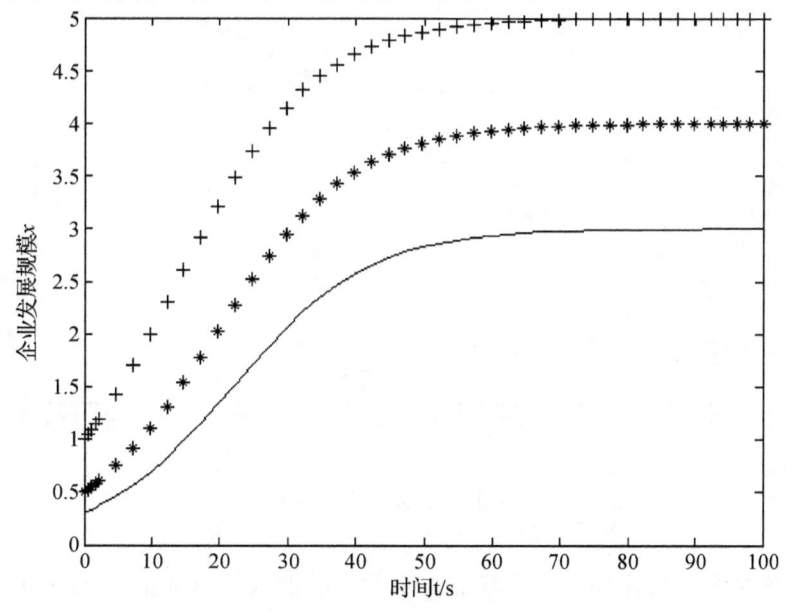

图 4-9　三企业独立发展

若企业 1 与企业 2 存在竞合关系构成企业联盟，而企业 3 独立。当企业 1 和企业 2 之间的竞合强度关系为 $h_{12} - l_{12} = -0.5$，$h_{21} - l_{21} = -0.5$ 时，合作与竞争强度的差值分别小于 $-\frac{1}{3}$ 和 $-\frac{1}{4}$。从联盟企业的发展规模角度，通过图 4-10 说明这两个企业竞争激烈，导致合作无效，最终所形成的系统将走向解体，初始规模较大的一方生存，而初始规模较小的一方则走向灭亡。若两个企业间的竞合强度关系为 $h_{12} - l_{12} = -0.1$，$h_{21} - l_{21} = -0.1$，合作与竞争强度的差值大于 $-\frac{1}{4}$，但是成员间仍以竞争为主，属于竞争主导型网络组织演化情况 1。此时系统的平衡点为 2.0455 和 3.1818，如图 4-11 所示。但是企业联盟平衡点的坐标值明显低于企业发展的最大规模。可见，当竞争强度大于合作强度在阈值范围内时，联盟是可以稳定存在的。但是受较强竞争强度影响，企业的精力会浪费在相互竞争上，导致它们的发展规模不能达到最大规模。这种情况没有实现联盟的群体优势，因此是不理想的。

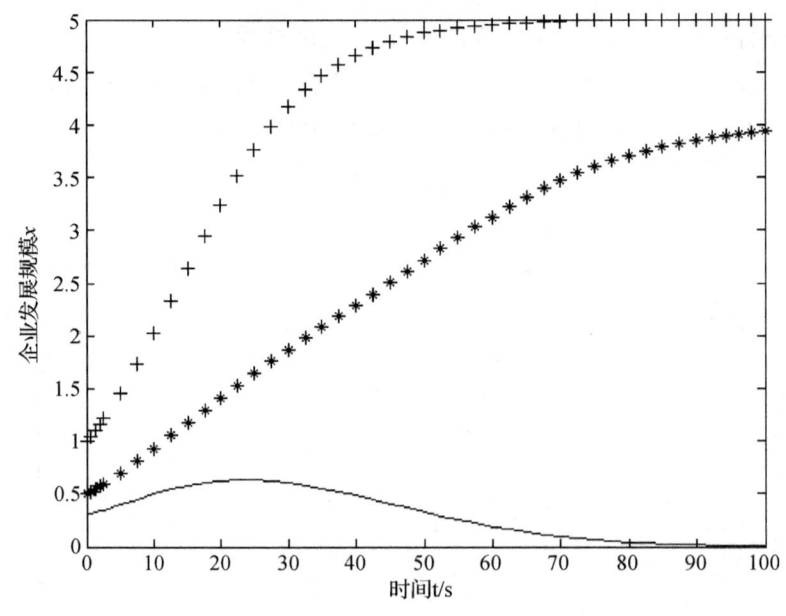

图 4-10 三企业联盟失败

若 3 个企业协作构成企业联盟，企业 3 的加入使得各企业之间的竞合强度 $h_{ij} - l_{ij}(i \neq j)$ 都为 0.1，平衡点分别为 15.3659，19.0244 和 22.1951，且

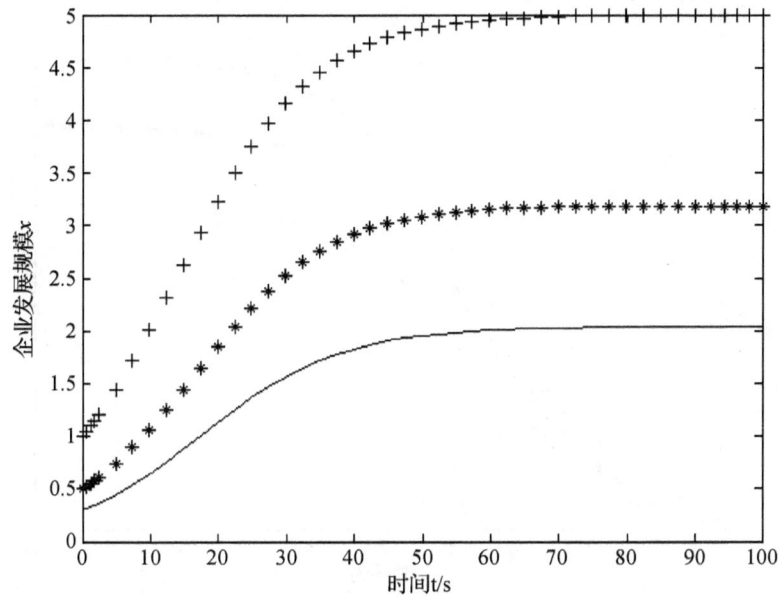

图 4-11 三企业联盟低效

该平衡点为系统的稳定平衡点,如图 4-12 所示。这表明,当合作强度大于竞争强度时,企业所能达到的规模要大于它仅依靠自身能力在经济资源稀缺性限制下所能形成的最大规模。是基于竞争的合作使得联盟企业得到了整合,从而企业整体的素质都得到了提高,实现了共赢。这种情况才是真正地实现了企业联盟。

以上考虑的企业依靠自身核心能力所能达到增长率相同的企业联盟演化情况。若 3 个企业仅依靠自身核心能力所能达到增长率不同时,即当 $r_1 = 0.3$,$r_2 = 0.2$,$r_1 = 0.1$ 时,其他条件保持不变,联盟结果不变。这说明企业联盟最终结果与企业主体的自身增长率无关,仅与企业主体之间的合作竞争强度关系和所能达到的最大规模有关。

对于多个企业构成的企业联盟,由于各个企业发展存在差异性,那么联盟内成员间的竞争就必然存在。关键是要处理好联盟内成员间的竞争与合作的关系问题。随着在复杂环境下成员间竞争和合作的力量调整,企业联盟将按照上述分析进行演化,即在竞争中加强合作,最终达到共赢。

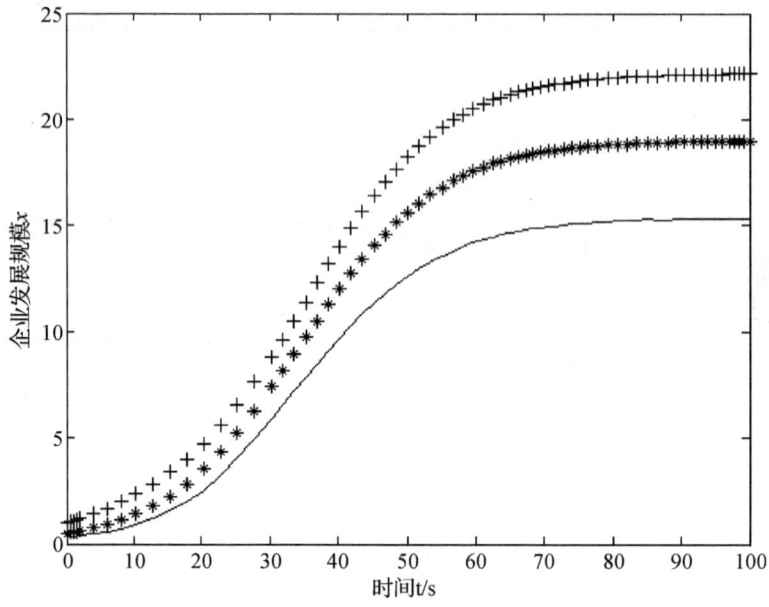

图 4-12 三企业联盟发展规模

4.5 本章小结

本章基于合作与竞争建立了网络组织演化的非线性动力学模型,通过稳定性分析和软件模拟,分析了网络组织演化问题。以上分析结果说明:

(1) 合作竞争,即既合作又竞争是网络组织演化的动力。网络组织的形成取决于竞合作用强度,即合作和竞争的相对关系 $h_{ij} - l_{ij}(i \neq j)$。当竞争强度大于合作强度且不超过阈值时,网络组织存在。

(2) 网络组织演化的趋势还与资源限制下成员的最大规模 k_i 有关,而与成员自身的增长率无关。因此,通过共享资源、资源互补来提高各成员的最大规模,对于网络组织存在的稳定性是非常有利的。

根据以上的分析结论,可以推论出要发挥网络组织的群体优势,一方面成员间要资源互补,充分、有效地利用资源,使得有限资源下的网络组织成员获得更大的发展;另一方面通过互相加强网络组织中成员的有效合作或者减少不利竞争,为达到共同发展选择最佳途径,最终实现共赢。

第五章　网络组织成员竞合战略选择和调整

网络组织是一个典型的复杂适应系统，它是由诸多成员按照一定的方式相互联系起来的系统，组织的个体成员之间，以及个体与环境之间不断地进行着相互作用，涌现出许多复杂的社会现象。而网络组织中的个体成员是具有适应性和主动性的主体，主体的主动性和适应性是造成这一问题的复杂性的内在因素。上一章中根据生态种群理论，引入合作和竞争构建了网络组织演化的动力学模型，得到了网络组织成员间合作竞争是网络组织形成的原动力的重要结论。但是网络组织成员竞合战略的形成和调整仍缺乏深入的认识。复杂适应系统理论的发展和计算机模拟建模技术的进步，为网络组织的研究提供了不同于牛顿科学范式分析问题的新视角。本章通过基于复杂适应系统理论的仿真软件对网络组织中适应性主体行为进行动态模拟，达到对网络组织成员竞合战略以更透彻的理解。

5.1　复杂适应系统

5.1.1　核心思想

复杂适应系统（complex adaptive system，CAS）理论是美国计算机科学家 Holland 于 1994 年提出的，核心思想是"适应性造就复杂性"[188]。其将系统成员看作是具有意识的、主动和积极的主体（adaptive agent）。主体能够与环境及其他主体进行持续不断的相互作用，并通过"学习"或"积累经验"彼此协调内部结构和行为方式。整个系统因此而产生演变或进化，包括新结构的产生，分化和多样性的出现或新聚合而成的、更大的主体的出现等，呈现出无意识的整体宏观秩序。最重要的是，CAS 理论认为，主体主动性及它与环境的反复的、相互的作用，是系统发展和进化的基本动因。理解这个基本思想，需要认识到：①主体是活的、主动的实体；②在这个模型中，个体与环境（包括个体之间）的相互影响、相互作用是系统整体涌现出复杂性的内在动力;③涌现是复杂性的普遍表现,它描述了"整体来自局部,但整体又大于局部之和"的复杂现象,本质上反映的是现实世界的"复杂系统永不停息地把自己组织成各种形态的趋势"。

CAS 理论所揭示的"整体大于部分之和"的复杂现象,具有两个明显的特点:①宏观现象不能简单地归结为微观的线性叠加,也不能用一般的统计科学方法描述其规律,而应将宏观和微观联系有机起来,由微观主体行为导出宏观效应。②引入了随机因素,使得涌现现象具有更强的表达和描述能力,而且使得研究结论具有了普遍意义和广泛的实用价值。

目前,复杂适应系统理论在经济、社会及科学技术等领域的应用都受到广泛关注。将企业组织作为复杂系统来考察、研究,不仅为企业组织的管理研究提供了不同于牛顿科学范式分析问题的新视角,而且为企业组织建设成为复杂适应系统,使其能够在复杂、不确定的环境条件下自组织地适应下来并得到很好的发展提供指导[189]。应用复杂性科学研究的成果加以类比、推理,从中提炼出新的组织管理思想、原理,已经成为管理复杂性研究的一个重要方向[190]。

5.1.2 仿真软件

基于 CAS 理论的仿真方法赋予组成复杂系统的个体成员以简单的规则和关系,通过仿真模拟真实世界的复杂现象,来体现系统整体的复杂性。在模型模拟工具方面,最常见的多 Agent 模拟平台有 StarLogo、NetLogo、Swarm、Repast、Ascape、TNGLab 等。以上软件的比较见表5-1。

自从 CAS 理论被应用到社会系、经济系统、生态系统、神经系统等领域,学术界已运用上述软件实现了一大批基于 CAS 理论的计算机仿真模型,其中在经济学和社会学研究领域的有人工股票市场模型、ECHo 模型、Swarm 建模、ASPEN 建模、扩展的 ASPEN 模型等。这些模型为探查广泛和深层次的经济、社会现象提供了直观明确的分析工具,大规模的经济社会实验通过计算机技术在低成本下完成了。

这里所选择的多 Agent 模拟平台是由美国西北大学的 CCI(Center for Connected Learning)和 Computer-Based Modeling 研发的 NetLogo 多主体(Agent)建模仿真集成环境。NetLogo 的模型库和功能非常强大,尤其适合于随时间变化的复杂系统的建模。NetLogo 的虚拟世界由主体构成,主体执行指令进行活动,且所有主体的行为在系统规定的时间同步并行发生。因

表 5-1 6 种基于 Agent 的模拟平台的共同性和区别

平台名称	共同性	开发机构	运行平台	编程基础要求
StarLogo	①设计概念相似，均很好地体现于基于 Agent 的建模思想；②使用流程相似；③简单易用，均不要求使用者有很强的编程基础；④均有很强的可扩展性；⑤均有高度的抽象性；⑥操作界面相似	MIT	Windows、Mac 和 Unix 等	最低
NetLogo		美国西北大学	Windows、Mac 和 Unix 等	较低
Swarm		SFI	Unix、Linux 和 Windows	相对较高
Repast		芝加哥大学	Unix 和 Windows	相对较高
Ascape		布鲁金斯研究所	Unix、Linux、Windows 和 Mac	一般
TNGLab		美国爱荷华州立大学	Windows	一般

资料来源：朱江，伍聪（2005）[191]。

此，NetLogo 仿真的过程就可以表述为大量的可移动主体在二维空间中交互作用，随着时间推进，微观个体的属性不断发生变化，系统的宏观特征也因而改变。具体地讲，NetLogo 中共有四类主体：

Turtles（海龟）：能够在虚拟世界中自由移动的主体。

Patches（瓦片）：该虚拟世界是由 Patches 组成的二维网格，Patch 是网格中的一个方格。

Observer（观察者）：它观察着由 Turtles 和 Patches 构成的世界，能够执行指令获取世界全部或部分的状态，或实现对世界的控制。

Links（链）：是链接 Turtle 与 Turtle 的主体。

NetLogo 模型的真正核心是编写在 Procedures 页中的例程。对每个仿真过程，总是不断地重复执行某一个例程，一般包括初始化例程和仿真执行例程。初始化例程 Setup 实现对模型初始状态的设置，生成所需的主体，并定义它的状态和工作。在 go 例程中编写各种指令，定义主体的属性和行为，通过例程 go 完成仿真的永久执行。

NetLogo 具有清晰的操作界面 Interface，可以通过命令行方式和可视化的控件对仿真的过程进行控制,仿真的动态结果通过仿真监视器和各类控件读取出来。

5.2 网络组织成员竞合战略选择仿真模型

如前所述,网络组织成员间的合作竞争是其形成和演化的推动力。为了明确网络组织在动态和互动的环境中,其成员选择合作还是竞争,即竞合作用强度关系如何,由于现实情况下,很难做到对大规模的网络组织内的竞合关系进行长期跟踪,所以本节通过构建复杂适应系统模型在描述网络组织内主体之间交互的动态过程模拟分析其合作竞争战略的建立[192]。

5.2.1 模型思想

叶红心等(2004)认为,群体成员在一次合作之后,由于在一定规则下的各成员的实际分配收益与该成员进入群体前的先验基准收益存在偏差,这就构成了有些成员行为发生改变的动因。实际收益低于基准收益的成员就会降低自己的合作意愿而部分地选择非合作战略[193]。根据他们的观点,模型在这里提出群体成员在"预期—实际—行动"的反馈回路中进行着有限理性的交往行动。本节构建的模型中每个主体可采取的行为有两种:竞争与合作。采取何种战略取决于主体在前一时期选择某一种行动方式后所获得的"实际收益"和"预期收益"的关系,即通过实际收益和预期收益的比较后,按照规则在"竞争"和"合作"之间进行决策。

以一个大小为 31×31 的视图表示网络组织成员所在的范围,如地理或产业范围。在所形成的 961 个瓦片上定义 3 种主体类型,黑色的瓦片代表环境主体,由于网络组织动态演化处于动态开放的环境中,因此设定了环境主体,模型中环境主体的变化影响着其他类型主体的活动,而其他类型主体的活动也改变着它的取值;深灰色的瓦片代表了合作主体,这类主体在交往中选择战略合作,即该主体与其合作伙伴之间互助,则可以从周围的合作伙伴那里获得一定的合作利益,但是同时要付出一定的合作代价;浅灰色的瓦片代表了竞争主体,这类主体在群体活动中仅考虑从周围其他主体获取自己所需的更多资源,而不付出任何代价,表现出了主体本质上的自私性。因此,这里设定合作的一个条件是需要付出一定合作成本,而采取竞争战略则不考虑从其他主体获利的成本。

根据 Nelson 和 Winter（1982）在演化经济学中对企业主体（成员）的解释，模型中的主体满足如下假设：

假设 1：主体是异质的。按照 Moore 型邻域定义，每个主体与周围的 8 个主体形成一个以"自我"为中心的网络组织"邻域"，该邻域中的主体由这 3 种类型主体随机构成，某时刻网络组织主体（0，0）的邻域如图 5-1 所示。每个中心主体与周围邻域中的"主体"进行着交往活动。

假设 2：主体本质上是自私的，以追求收益最大化为目标。主体利用邻域内合作、竞争和环境实际收益来更新其收益值，优先比较邻域内不付出任何成本的竞争实际收益与预期收益的情况，如果邻域内竞争实际收益大于预期收益，那么中心主体选择竞争战略；而在不满足的情况下，主体考虑合作。

假设 3：随着模型时钟计数器，各个主体不断地重复执行上面的规则。

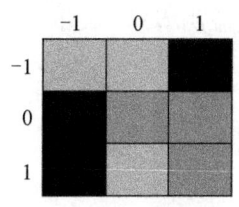

图 5-1　网络组织成员（0，0）主体的邻域

5.2.2　模型构建

本模型实现了主体合作竞争战略选择的模拟，其仿真流程如图 5-2 所示。

初始 t 时刻，3 种主体按照给定的主体类型生成概率随机分布在视图中，每个主体的"邻域"成员在位置和数量上存在着差异，且主体采取合作条件是需要付出一定合作成本，而采取竞争战略则不考虑从其他主体获利的成本。因此，不同类型中心主体的收益就可以表示为：

$$P^t_{(0,0)} = \begin{cases} 1 + \alpha \sum b^t_{ij} & i,j = 0,1 \text{ 且 } Agent_{(0,0)} = 1 \\ 1 + \alpha \sum b^t_{ij} - C & i,j = 0,1 \text{ 且 } Agent_{(0,0)} = 2 \\ 1 & i,j = 0,1 \text{ 且 } Agent_{(0,0)} = 3 \end{cases}$$

(5-1)

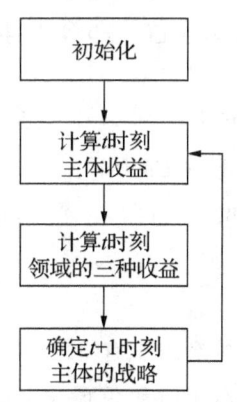

图 5-2　主体战略选择流程

其中，$Agent_{(i,j)}$ 代表主体类型，当 $Agent_{(i,j)} = 1$ 时表示竞争主体，$Agent_{(i,j)} = 2$ 表示合作主体，$Agent_{(i,j)} = 3$ 表示环境主体，特别是 $Agent_{(0,0)}$ 为中心主体。α 为获取合作收入的系数，b^t_{ij} 标记了主体

是否提供收益为其他主体共享，若该主体是合作 Agent，则 $b_{ij}^t = 1$；该主体是竞争主体和环境主体时，$b_{ij}^t = 0$；$\alpha \sum b_{ij}^t (i,j = 0,1)$ 则表示了中心主体可获得的总收入与该收入和邻域中的合作主体数量有关。而 C 为主体合作所付出的成本。

t 时刻，某中心主体观察其所在网络组织邻域内不同类型的收益情况以更新其收益值。模型中合作收益用 COP^t 表示、竞争收益用 CMP^t 表示、环境收益用 ENP^t 表示：

$$CMP^t = \sum P_{ij}^t \quad i,j = 0,1 \text{ 且 } Agent_{(i,j)} = 1; \quad (5-2)$$

$$COP^t = \sum P_{ij}^t \quad i,j = 0,1 \text{ 且 } Agent_{(i,j)} = 2; \quad (5-3)$$

$$ENP^t = \sum P_{ij}^t \quad i,j = 0,1 \text{ 且 } Agent_{(i,j)} = 3 \text{。} \quad (5-4)$$

最后，确定 $t+1$ 时刻主体所要采取的交往战略。为了便于与随机产生的预期收益 ω 比较，本模型将 COP^t、CMP^t 和 ENP^t 进行了相对化处理：

$$COPW^t = \frac{COP^t}{\sum P_{ij}^t + \eta} \quad i,j = 0,1; \quad (5-5)$$

$$CMPW^t = \frac{CMP^t}{\sum P_{ij}^t + \eta} \quad i,j = 0,1; \quad (5-6)$$

$$ENPW^t = \frac{ENP^t}{\sum P_{ij}^t + \eta} \quad i,j = 0,1 \text{。} \quad (5-7)$$

其中，η 表示环境变化。根据假设2，主体本质是自私的，通过竞争收益与随机产生预期收益相比较，如果竞争收益大于预期收益，那么主体在 $t+1$ 时刻将采取竞争战略。反之主体将会采取合作战略。

$$Agent_{(0,0)} = 1 \text{ 且 } b_{ij}^{t+1} = 0, \omega < CMPW^t; \quad (5-8)$$

$$Agent_{(0,0)} = 2 \text{ 且 } b_{ij}^{t+1} = 1, CMPW^t < \omega < COPW^t + CMPW^t; \quad (5-9)$$

$$Agent_{(0,0)} = 3 \text{ 且 } b_{ij}^{t+1} = 0, COPW^t + CMPW^t < \omega \text{。} \quad (5-10)$$

5.2.3 仿真结果

按照模型流程第一步初始化模型。假定初始时刻网络组织在 31×31 的视图中分别以小于0.2的随机概率产生深灰色合作主体和浅灰色竞争主体，其余瓦片上生成环境主体，图5-3即为初始模型图。

经过仿真模拟发现视图中的各类主体数量发生了复杂变化，并呈现出以下规律：

（1）当 $C=0.10$，$\alpha=0.40$ 时，表示因合作所要付出的成本为 0.10，而与每个合作主体交往可获得的收益系数是 0.40。经过 101 个时间步长后，竞争主体 734 个，占据主导地位，合作主体逐渐减少为 22 个，如图 5-4 和图 5-5 所示。以上结果说明了，竞争主体从合作主体获得收益足够丰厚，不仅吸引了新的竞争主体加入到网络组织中来，而且考虑到合作成本，原有合作主体改变战略变为竞争主体。

 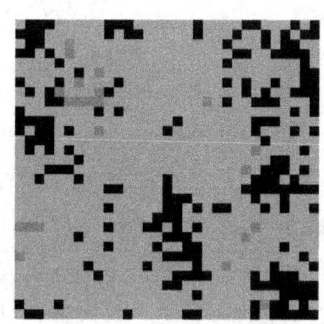

图 5-3　初始状态　　　　　　　图 5-4　竞争主体占优

（2）当 $\alpha=0.20$，每个合作主体交往可获得的收益系数是 0.20，而 C 足够小时，这里取 $C=0$，而此时合作不需要付出任何成本。在运行 101 个时间步，看到与第一种截然不同的情况，合作主体 751 个，占据了主导地位，竞争主体为 150 个，如图 5-6 和图 5-7 所示。可见，在合作成本可以忽略不计的条件下，若实施竞争和合作战略的获益相同，那么主体更趋向于合作。

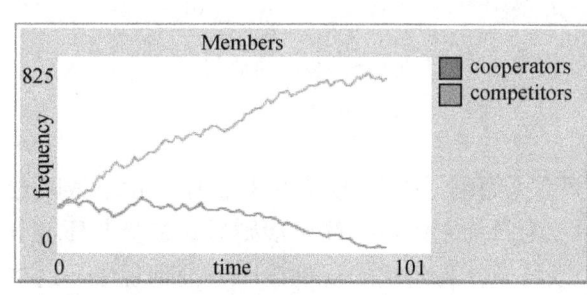 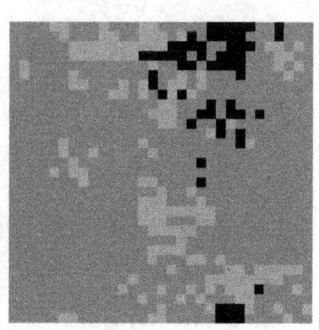

图 5-5　各主体数量趋势（1）　　　　图 5-6　合作主体占优

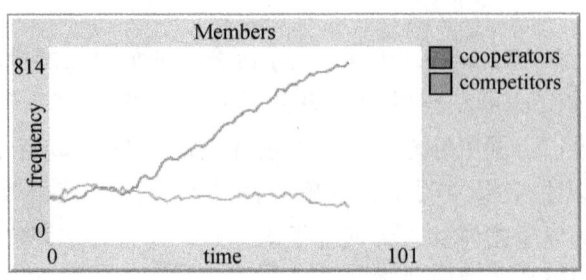

图 5-7　各主体数量趋势（2）

（3）事实上无合作成本几乎是不可能的，而通过改变变量 α 值大小并不会改变主体数量趋势，这一结果说明第一种情况的竞争是普遍存在的。因此，在第一种情况的基础上，即 $C=0.10$，$\alpha=0.40$ 的条件下，若环境发生改变，取 $\eta=0.18$，同样在经过 101 个时间步长后，视图中各种主体的数量对比，如图 5-8 和图 5-9 所示。图中合作主体占多数，说明在演化过程中不仅是被动适应环境，而且通过主动的措施，如实施鼓励合作的政策，有利于引导竞争主体改变战略，推动合作的开展。这说明环境作用是可以调节两类主体数量关系和影响主体战略选择的。

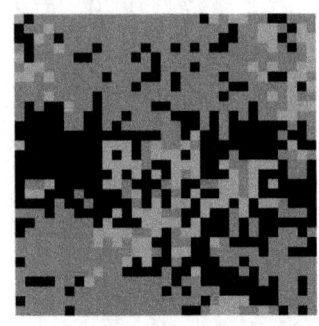

图 5-8　环境变化后主体占优

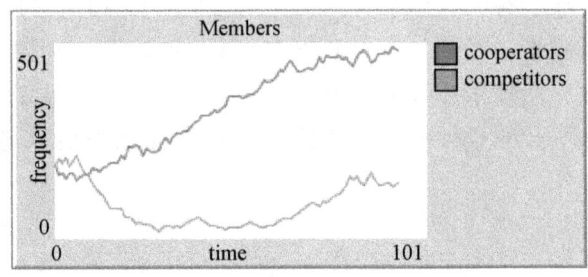

图 5-9　各主体数量趋势（3）

以上应用 NetLogo 模拟了网络组织中主体（成员）对合作与竞争战略选择的过程，通过以上分析可知：为行为主体赋予简单规则后，在复杂环境下主体间通过相互作用，产生了系统整体稳定的宏观规律——涌现现象。这些现象很好地反映了网络组织中主体对合作竞争的战略选择是基于收益分析比较的过程。

从模型中可以看出，位于 Moore 邻域内的主体，模型虽然只为其确定了一种战略，但从其邻域主体的不同颜色上也表明了，该中心主体所实施的战略是以合作主导的还是以竞争主导的竞合战略。这也表明了当前组织成员间不存在纯粹的合作和绝对的竞争。也就是说，非完全共同利益网络组织成员处于"竞合"状态，即既合作又竞争。同时，成员在长期的竞争与合作中，还根据自身和环境的情况，不断调整自身的策略。

5.3 网络组织成员竞合战略调整

5.3.1 二维竞合战略调整路线

本书在前面部分提出了以对角线划分的二维竞合战略框架，该图表示了竞争和合作共存的战略平面，以表示竞合均衡的对角线为界，划分为合作主导型竞合战略与竞争主导型竞合战略两个区域，如图 5-10 所示。

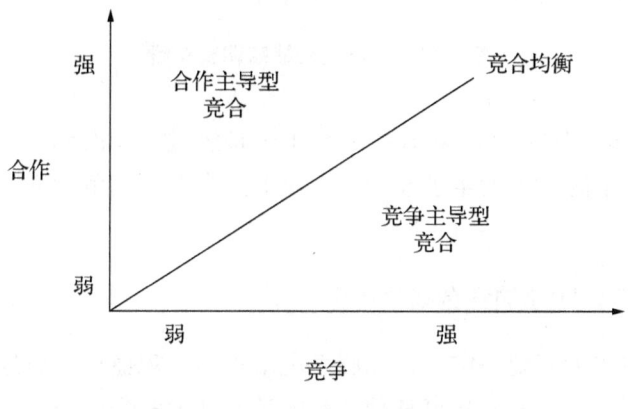

图 5-10 二维竞合框架

上图中全面表示了各种竞合状态，当企业间行为落入对角线以上区域，就可判断为合作主导型竞合（即竞合关系更多地由合作构成而非竞争）战略；若在对角线以下区域，就是竞争主导型竞合（即竞合关系更多地由竞争构成而非合作）战略；而对角线上的点实现了均衡的竞合。此外，原点表示非合作非竞争状态，两坐标轴上的点分别表示纯粹的合作和纯粹的竞争战略。

该图反映的是静态战略隶属情况。而激烈的竞争决定了利益主体应该从传统的静态冲突转向动态合作[130]。对于网络组织中的成员主体而言，由于它具有主动性和适应能力，在演化过程中不断调整着自己的策略。这一调整表现为两种情况：一种情况是同一主导区域内强度的微调，即调整后仍在同一主导区域内；另一种情况是从一主导区域向另一主导区域战略的变化，即调整后主导战略发生了改变，如图5-11所示。

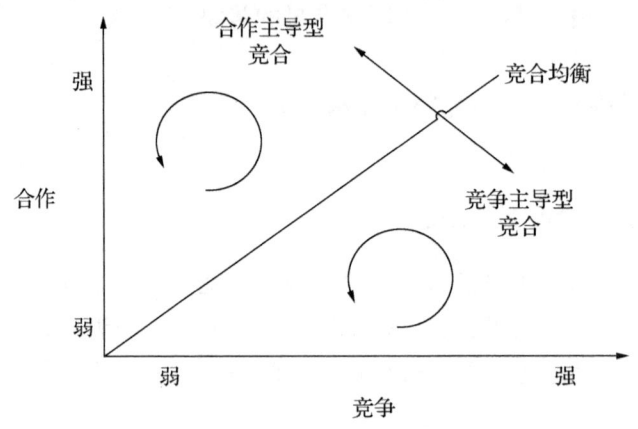

图 5-11　二维竞合战略调整路线

不管是战略调整的哪一种情况，也不论是经过多少次调整，调整前后是在二维竞合图中的位置发生了改变，实质上是合作与竞争的强度关系发生了变化。

5.3.2　基于合作意愿的竞合战略调整

意愿是主体为实现一定的目标所表现出来的主观愿望和偏好。根据心理学观点，意愿是推动人们从事某种活动的基本动力和先决条件，它导致了行为的产生。网络组织成员是具有主动性和适应性的主体。对于组织成员竞合战略的调整，本研究认为应从网络组织主体的主动性方面入手，可以通过改变合作意愿来调整网络组织成员的竞合战略。

合作意愿（willingness to cooperate，WC）是指与他人进行合作的偏好。该偏好的大小可以用合作意愿度来描述。国内相关文献[193-195]提出了合作意愿度的概念。特别是叶红心等（2004）认为合作意愿度是群体成员采取合作战略与非合作战略内在动力的合力，它等于合作隶属度和非合作隶属度之差，[-1, 1]，且该值受到过去历史信息和成员特征的共同影响[193]。杨东升和张永安(2009)将合作意愿度定义为合作主体的利益预期与实际收益的比值[195]。基于5.2节中的模型分析,本研究认为将合作意愿度简单地定义为预期收益与实际收益的比值是不科学的,因为成员主体预期收益和实际收益的偏差才是驱动网络组织成员调整合作意愿度的内在动力,且该差值越大,合作意愿度变化越快。因此,本研究提出了网络组织成员调整竞合战略的重要途径——合作意愿度(degree of willingness to cooperate,DWC)。作为合作意愿大小的直接反映,它是竞合战略框架下对合作战略的偏好程度,且 $DWC \in [0,1]$。特别地,当 $DWC=0$ 时表示"完全不合作"或者"完全竞争",而当 $DWC=1$,达到最大值时,即是"完全合作"。对应在二维竞合平面内,均衡竞合线处合作意愿度为0.5,当合作意愿度降低时,网络成员主体合作偏好下降,合作行为相对减少,合作强度下降,表现在二维坐标平面为向右下方变化趋势;相反地,当合作意愿度提高后,网络成员主体合作偏好上升,合作行为相对增多,合作加强,表现在二维坐标平面中的趋势为向左上方发展(图5-12)。

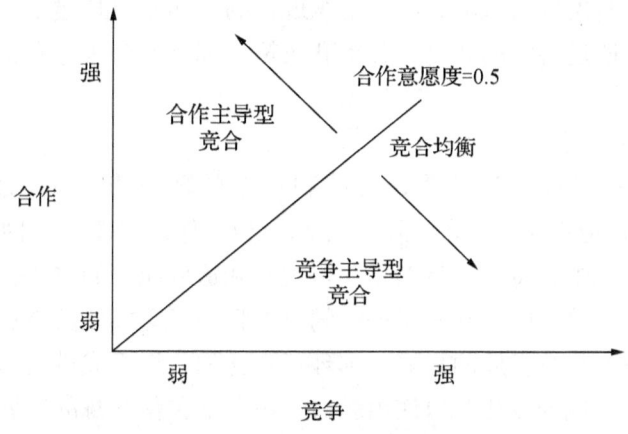

图5-12 基于合作意愿度的二维竞合战略调整

5.2节的复杂适应系统模型揭示了,成员在对其预期收益与实际收益比较中选择竞合战略的同时,历史信息、自身的认知能力和外界环境作用,会影响主体对战略的偏好。因此,这里把影响合作意愿及合作意愿度的因素归结为以下3点。

(1)历史信息(或声誉)

对某一情况做出反应是以过去的经历形成的假设为依据的[196]。成员的个性特征也表现为对历史信息的依赖程度。网络成员收集到其他成员的交往历史进行的记忆和分析判断，必然影响该成员的行为心理，进而调整其合作意愿度。这是因为在开放的环境中，网络组织成员中存在信息传递机制，交往经历在组织中得到传播，形成一定的声誉。成员任何一次的不守信，就会损害它的合作声誉，而且这种不良声誉很容易快速地在网络中广泛传播，扩散到网络中每一个成员，也可能扩散到未来潜在的合作伙伴中，其他企业就会中止与之合作或降低合作的意愿。

（2）认知能力

社会心理学则认为，被唤起但未得到满足的心理需要产生一个心理张力系统，从而决定个人行为[197]。各个成员具有不同的个性特征，不同的文化模式和价值观影响它们对价值和利益的认识。特别是它们对机会收入和投机能力的认知，很大程度上影响它们对未来收益的判断。当成员认为未来合作有较高回报时，它便提高合作意愿度，相反地，若未来合作收益不但没有超额，而且比竞争收益还低，那么它的合作意愿度就不会高。当认知能力不足时就会产生判断失误的风险，因为组织成员的认知能力是建立在一定的客观基础上的，且通过科学的调研、分析和决策，成员的合作意愿就具有了较高的保障。

（3）环境作用

R. Lewin 的心理场论认为，目前和近期的环境影响是行为的决定因素[198]。复杂适应系统是与环境不可分割，相互作用的统一。因此，在网络组织的系统演化中，每个成员都是具备主动和适应能力的主体，它们不仅要被动的适应环境给予的生存和发展空间，而且为了更好地发展自己，还需要创造和利用适合自身发展的良好外部环境。比如，组织成员间的互动状态导致市场地位和环境的变化就迫使组织成员不断地调整自身的发展策略；社会环境中政府的监管，不仅为它们发展提供稳定、公平、秩序的社会环境，而且制定和颁布合理有效的政策和制度可以刺激成员增加合作需求，促进成员在竞争中积极合作，达到快速发展的目的。

因此，从充分发挥网络组织成员主动性和环境适应性方面，寻找到了调整网络组织成员竞合战略的新途径——合作意愿。

5.4 本章小结

本章利用 NetLogo 平台建立了一个复杂适应系统模型，通过仿真模拟了网络组织成员竞合战略形成过程，得到了网络组织在简单规则下的"涌现"现象。经过分析发现，所形成合作竞争局面呈现以下规律：

（1）一般情况下，即主体可以从合作者那里获取一定收益，而若采取合作所付出的成本不可忽略时，竞争主体占到绝大多数，竞争战略主导整个组织。

（2）当合作成本足够小时，主体更趋向于进行合作。

（3）通过调节环境变量，如引入促进合作的政策，可以引导主体从竞争走向合作。

由于网络组织成员具有很强的主动性和适应性，它们不断地调整自身发展战略，使得战略处于动态变化过程中。该模型仿真的结果不仅很好地反映了竞争主导型战略和合作主导型战略的产生过程，更为重要的是根据"涌现"现象机制，提出了网络组织成员根据由历史信息、认知能力和环境的共同作用下的合作意愿来调整竞合发展战略。

第六章　合作意愿在网络组织成员获取竞争优势中作用的实证研究

产业集群是在空间集聚和扩散效益的推动下，围绕少数关键企业或龙头企业为拥有成本优势、外部经济优势和创新优势，通过分享和交换信息、技术、成本、资金和人才等资源所形成的有竞争力的典型网络组织系统。近年来，产业集群对区域经济作用影响显著，已成为理论界和政府公认的经济健康发展的载体，具有区域经济的引擎之称。但是，当前国内产业集群陷入了大而不强的困境，如何提高产业集群的竞争优势是一项非常紧迫的课题。随着实业界和理论界学者、专家的广泛关注，目前形成了许多关于产业集群竞争优势的理论和学说，但多数研究成果认为产业集群竞争优势来源于资源禀赋、规模经济和柔性合作。尤其是在产业集群所呈现的网络化结构和竞合关系共存的复杂特征要求下，产业集群研究需要崭新的视角。

产业集群不仅是集群企业在区域地理位置上的集聚，更是它们之间网状关系的连接。而集群企业间建立是网络状的竞合关系，一些学者已经开始关注合作竞争在产业集群中的作用[146,199]。合作意愿描述了与其他企业合作的偏好，而企业对合作意愿度的决策从根本上决定了企业所采取的行为。由于每个企业与产业集群中的其他企业博弈时都会选择某种策略使得其利润最大，由此可以说，每个企业的绩效依赖于企业的偏好。因此产业集群企业的绩效研究最根本的问题应从解释合作行为的出现开始。在特别强调网络组织如何获得竞争优势时，本章在充分认识到产业集群企业是主动适应性主体的基础上，着重关注产业集群企业的合作意愿，即与其他企业合作所得的偏好在其获得竞争优势中的作用途径。

基于此，本章以山西省晋中市榆次区纺机产业集群为研究对象，将产业集群合作意愿对于获取竞争优势的作用作为主题进行实证研究，试图为产业集群企业找到一条发挥主体主动性、自我促进发展的道路，弥补从合作意愿视角研究产业集群企业自主提升竞争优势研究的不足，为产业集群实践提供参考或借鉴[200]。

6.1 模型与假设

按照"囚徒困境"博弈,从个体理性的角度,产业集群企业为追求自身利润最大化选择背叛。团体理性要求参与者往往有意识地相互合作去寻找单纯竞争所得不到的经营效果——竞争中寻找合作,合作中开展竞争,得到比双方都背叛好的收益。Crouch 和 Farrell(2002)认为:"在某种情况下,行动者的社会关系将允许行动者使用某些社会资源,但与此同时,它将限制行动者进行其他的某些行为。如果行动者缺乏正确的关系,他就会发现自己被锁定在某种次优的行为模式中,无法恰当地对外部环境做出反应[201]"。以此作为本章的理论出发点,下面提出合作意愿对产业集群企业获取竞争优势作用机制的理论模型。

6.1.1 合作意愿和网络关系强度

产业集群是两个或两个以上组织(包括企业)个体之间形成的互补、互助、互争的网络结构组织。形成产业集群不仅要地理集聚上构成网络结构布局,且一旦加入产业集群后,就建立了网络关系。该自主独立的组织,根据其合作意愿程度可与产业集群中的其他若干组织建立不同强度的竞合网络关系。下面,本书将通过博弈理论分析合作意愿度与网络关系强度的关系。

假设产业集群中有两个寡头企业进行市场竞争。企业 1 和企业 2 各自生产一种产品,产量为 q_i,产品价格根据双方的市场需求可表示为 $p_i(q_i,q_j) = -q_i + \theta q_j + \zeta$,其中,$i,j = 1,2$,$i \neq j$,$-1 < \theta < 1$,$\theta \neq 0$,$\zeta > 0$,$\theta$ 和 ζ 为常数。该式中产品的价格表示为产量的线性函数,这是由于自己产品产量的增加总是导致价格的下降,而对方替代品($\theta < 0$)产量的增加迫使自己价格下降,互补品($\theta > 0$)产量增加则价格提高。假设固定成本为 0,两企业具有相同的产品单位边际成本,则企业 i 的成本函数为 $C_i(q_i) = \mu q_i$,$i = 1,2$,其中 μ 是单位边际成本,且 $\zeta > \mu > 0$。由此可得,企业 i 的利润函数为:

$$\pi_i(q_i,q_j) = q_i[(\zeta - \mu) - q_i + \theta q_j]。 \tag{6-1}$$

在合作和竞争并存的环境下,企业在进行生产决策时,不仅考虑自身的收益,同时也要考虑竞争对手的收益。本研究对易余胤(2010)[202]构造的企业合作意愿度模型进行了修正,这里设 α,β 为合作意愿度,$\alpha,\beta \in [0,1]$,

应该 α,β 越大,企业的合作意愿度越高。$\alpha = \beta = 1$ 表示两企业完全合作,$0 < \alpha < 1, 0 < \beta < 1$ 表示既合作又竞争,$\alpha = \beta = 0$ 则表示两个企业不合作。因此,在这里假设两企业的目标函数:

$$\Pi_1(q_1,q_2) = \alpha[\pi_1(q_1,q_2) + \pi_2(q_1,q_2)] + (1-\alpha)\pi_1(q_1,q_2); \quad (6-2)$$

$$\Pi_2(q_1,q_2) = \beta[\pi_1(q_1,q_2) + \pi_2(q_1,q_2)] + (1-\beta)\pi_2(q_1,q_2)。 \quad (6-3)$$

上面两式分别表明了两企业在合作与不合作情况下的利润。式(6-2)的第一项表示,如果两企业合作成功,那么企业 1 便可获得由合作带来的两企业的利润贡献,第二项则表示一旦合作失败,那么企业 1 只能依靠自己能力获得利润。为清晰起见,上面两式可分别整理为:

$$\Pi_1(q_1,q_2) = \pi_1(q_1,q_2) + \alpha\pi_2(q_1,q_2); \quad (6-4)$$

$$\Pi_2(q_1,q_2) = \pi_2(q_1,q_2) + \beta\pi_1(q_1,q_2)。 \quad (6-5)$$

分别对两企业目标函数求一阶导数并令其为零,得到使得目标最大化的唯一解为:

$$q_1^*(\alpha,\beta) = \frac{2(\zeta-\mu) + \theta(1+\alpha)(\zeta-\mu)}{4 - (1+\alpha)(1+\beta)\theta^2}; \quad (6-6)$$

$$q_2^*(\alpha,\beta) = \frac{2(\zeta-\mu) + \theta(1+\beta)(\zeta-\mu)}{4 - (1+\alpha)(1+\beta)\theta^2}。 \quad (6-7)$$

进一步可计算得到两企业博弈均衡的利润函数:

$$\pi_1^*(\alpha,\beta) = \frac{(\zeta-\mu)^2[2+(1+\alpha)\theta][2+(1-\alpha)\theta - \alpha\theta^2(1+\beta)]}{[4-(1+\alpha)(1+\beta)\theta^2]^2}; \quad (6-8)$$

$$\pi_2^*(\alpha,\beta) = \frac{(\zeta-\mu)^2[2+(1+\beta)\theta][2+(1-\beta)\theta - \beta\theta^2(1+\alpha)]}{[4-(1+\alpha)(1+\beta)\theta^2]^2}。 \quad (6-9)$$

这里 $\pi_i^*(\alpha,\beta) = \pi_i(q_1^*(\alpha,\beta), q_2^*(\alpha,\beta))$,$i = 1,2$,该函数表示企业 1 的合作意愿度为 α,企业 2 的合作意愿度为 β 时,企业 i 所获得的利润。根据上述 $\pi_1^*(\alpha,\beta)$ 和 $\pi_2^*(\alpha,\beta)$ 的表达式容易求得:

$$\pi_1^*(\alpha,\beta) - \pi_2^*(\alpha,\beta) = \frac{(\zeta-\mu)^2\theta^2(\beta-\alpha)[\theta(1+\alpha)(1+\beta) + 2 + \alpha + \beta]}{[4-(1+\alpha)(1+\beta)\theta^2]^2}。 \quad (6-10)$$

若 $\alpha < \beta$,$\alpha,\beta \in [0,1]$,即企业 1 的合作意愿度 α 小于企业 2 的合作

意愿度 β，由于

$$1 + \alpha + \beta + \alpha\beta < 2 + \alpha + \beta, \quad (6-11)$$

可知

$$\theta(1 + \alpha)(1 + \beta) < 2 + \alpha + \beta。 \quad (6-12)$$

又由于

$$-1 < \theta < 1,$$

一定有

$$\theta(1 + \alpha)(1 + \beta) + 2 + \alpha + \beta > 0, \quad (6-13)$$

因而

$$\pi_1^*(\alpha,\beta) - \pi_2^*(\alpha,\beta) > 0。 \quad (6-14)$$

由前面定义可知，α,β 越大，企业的合作意愿度越高。式（6-14）显然说明，合作意愿度高的企业将获得比合作意愿度低的企业少的收益。这样看通过增加对方的收益达到了吸引合作意愿度低的企业来增加合作的目的。因此，本研究提出如下假设：

H_1：合作意愿对增强集群企业网络关系有显著的正向影响。

6.1.2 合作意愿和组织学习

组织学习是以组织成员从外部吸收知识为主，涉及知识传递、知识扩散、知识吸收和知识创造等活动，持续的、双向的、互动的知识流动过程。Porter（1993）指出产业网络的成员更容易获取市场、技术与其他信息，同时因为成员间的关系与组织结构，将使产业网络内的知识流通更为容易。之后一些学者开始强调地理区域内社会网络的重要性，指出形成稳定、可靠和互惠的社会网络有利于科技人员的相互交流，促进了知识的溢出和扩散。Hamel 和 Prahalad（1989）的研究表明合作伙伴间相互学习对方的知识是企业建立联盟的重要目的与动机[203]。Gherardi 和 Nicolini（2003）认为，组织学习是指在特定的社会文化环境中通过人际关系互动而学习的结果[204]。因而，它区别于个人学习，组织成员的合作意愿也势必影响其学习的过程和效果。

为了简化问题，这里对于组织学习过程仅讨论产业集群企业知识获取的行为，并假定所有从外部学习取得的知识都能为企业所吸收，并转化为生产力。由于组织学习建立在知识溢出基础上，组织通过学习获得的知识存量可以有两个来源：一是组织内部知识转移，二是获取外部知识或外部知识的移入。根据本书研究目的，这里的组织学习主要指组织间的学习，故此假设产业集群企业没有自主投入研发，全部知识来源于企业外部网络。下面部分将通过分析获取该外部知识的成本和收益，以期得到企业组织学习获取外部知识的行为与合作意愿度之间的关系。

（1）企业获取外部知识的成本

由于知识来自于产业集群中企业 i 以外的其他企业，说明这些分布在网络组织的各个成员知识存在一定的空间距离。不管是通过大众媒介传递显性知识，还是通过面对面的交流获取隐性知识，都会产生一定的学习成本。显然的是，在合作意愿度高、关系密切的网络中，企业不仅可以降低外部知识获取的成本，而且可以获得更多的默会知识。可见，获取外部知识的成本与企业所在产业集群的合作意愿度呈负相关，即 $\frac{\partial D}{\partial \gamma} < 0$，企业获取外部知识的成本可表示为：

$$D(\gamma) = \varphi + \frac{\Omega'}{\gamma} 。 \qquad (6-15)$$

式中 D 表示企业获取外部知识的成本，Ω' 表示企业从外部获取的知识，γ 表示合作意愿度，φ 是常数。

（2）企业获取外部知识的收益

企业通过组织学习所获取的外部知识，从根本上说是为了获取更大的利润，可直接体现为由于生产技术和管理水平的提高而产生的生产和销售成本 E 的减少。企业因此获得的收益用 S 表示，则有

$$S = -E 。 \qquad (6-16)$$

又由于 E 的减少是由 Ω' 引发的，所以

$$\frac{\partial E}{\partial \Omega'} < 0 。 \qquad (6-17)$$

那么，可设 $E = \frac{\phi}{\Omega'}$，其中 E 表示企业生产和销售成本，ϕ 是常数，且 $\phi > 0$。于是就有

$$S = -\frac{\phi}{\Omega'} 。 \qquad (6-18)$$

为使企业利润达到最大，企业的利润和成本之间的关系需要满足：获取单位外部知识的成本等于外部知识带来的收益，即 $\frac{\partial D}{\partial \Omega'} = \frac{\partial S}{\partial \Omega'}$。

将 $D(\gamma) = \varphi + \dfrac{\Omega'}{\gamma}$ 和 $S = -\dfrac{\phi}{\Omega'}$ 代入，可得

$$\frac{1}{\gamma} = \phi(\Omega')^{-2} \text{。} \quad (6-19)$$

经过简单变形，得到

$$\Omega' = (\phi\gamma)^{1/2} \text{。} \quad (6-20)$$

由于 ϕ 是常数，且 $\phi > 0$，显然有

$$\frac{\partial \Omega'}{\partial \gamma} > 0 \text{。} \quad (6-21)$$

上式说明了企业获取外部知识的行为与合作意愿度呈正相关关系，即合作意愿度越高越有利于企业获取外部知识。因此，笔者根据前面的分析，认为以外部知识获取行为为主体的组织学习行为与合作意愿度也是呈正相关关系的。即在产业集群中企业间的学习行为与合作意愿度的关系也符合该规律，合作意愿度高，有助于产业集群企业相互学习，加深交流，且对知识的准确性、及时性和全面性都有积极的影响。基于此，本研究提出如下假设：

H_2：合作意愿对组织学习有显著的正向影响。

6.1.3 合作意愿和技术创新

李忠华（2007）等指出，在新经济中创新更多的是通过借助动态的生产关系或合作创造价值的网络来实现[205]。产业集群中的企业进行合作技术创新，但是实际上并不能与其他企业完全分享其所有的技术成果，因而会在竞合中选择一个合作意愿度。企业技术创新的目的是要降低产品单位成本，下面将分析的合作意愿度对企业技术创新的影响，转化为合作意愿度与由技术创新带来的成本降低之间的关系。

还是假设产业集群中有两个寡头企业进行市场竞争。企业 1 和企业 2 各自生产一种产品，产量为 q_i，产品价格根据双方的市场需求可表示为 $p_i(q_i, q_j) = -q_i + \theta q_j + \zeta$，其中，$i,j = 1,2$，$i \neq j$，$-1 < \theta < 1$，$\theta \neq 0$，$\zeta > 0$，$\theta$ 和 ζ 为常数。该式中产品的价格表示为产量的线性函数，这是由于自己产品产量的增加总是导致价格的下降，而对方替代品（$\theta < 0$）产量的增加迫使自己价格下降，互补品（$\theta > 0$）产量增加则价格提高。假定初期两企业产品具有相同的单位边际成本 μ，固定成本为 0。由于两企业合作技术创新，存在按照合作意愿度下的自愿知识溢出，则每个企业的技术创新除了使本企业成本降低外，还使得竞争对手受益，也降低了竞争对手的成本。设

F_i 为企业 i 实施技术创新后使该企业单位产品成本降低的水平,则企业 i 的成本函数为 $C_i(q_i) = (\mu - F_i - \alpha F_j)q_i$, $i,j = 1,2$, $i \neq j$,其中 μ 是单位边际成本,且 $\zeta > \mu > 0$;α 为合作意愿度,为了便于考察合作意愿度与技术创新效果简化分析,这里认为两企业具有相同的合作意愿度;αF_j 表示企业 j 技术创新对企业 i 成本降低的贡献。另外,企业技术创新也需要投入一定成本,这里假设技术创新研发投资与创新导致的成本节约的平方成正比,具体定义为如下关系:

$$\Theta_i = \frac{F_i^2}{2}。 \quad (6-22)$$

由此可得,企业 i 的利润函数为:

$$\pi_i(q_i, q_j) = p_i q_i - C_i(q_i) - \Theta_i。 \quad (6-23)$$

下面通过一个两阶段博弈模型研究两企业合作意愿度与技术创新绩效的关系。在第一阶段,两企业可以选择技术创新研发投资 Θ_1 和 Θ_2,此时两企业以合作意愿度 α 进行合作技术创新;第二阶段,若在产出阶段两企业进行合作必然会对消费者产生不利影响,所以在此阶段只考虑两企业在产品市场进行竞争的情况。

至此,博弈模型描述完毕。

为了保证子博弈纳什均衡,利用逆向归纳法对上述模型进行求解。首先,考虑博弈的第二阶段。为了获得最大利润,通过利润函数一阶导数为零,求得两企业均衡产量 q_1^* 和 q_2^*:

$$q_1^* = \frac{2\zeta + \theta\zeta - 2\mu - \theta\mu + (2 + \theta\alpha)F_1 + (2\alpha + \theta)F_2}{4 - e^2};$$

$$q_2^* = \frac{2\zeta + \theta\zeta - 2\mu - \theta\mu + (2 + \theta\alpha)F_2 + (2\alpha + \theta)F_1}{4 - e^2}。 \quad (6-24)$$

下面将在第二阶段的均衡产量(q_1^*,q_2^*)的基础上,求解第一阶段的决策变量 Θ_1 和 Θ_2。Θ_1 和 Θ_2 为两企业在第一阶段自主的技术创新投入水平,企业 i 通过决策 Θ_i 使得自身利润最大,为了简化计算,这里取 $\Theta_1 = \Theta_2$。又由于 Θ_i 唯一决定 F_i,这里可以认为企业 i 在第一阶段决定的是 F_i,即将 $F_1 = F_2$ 代入利润最大化条件 $\frac{\partial \pi_i}{\partial F_i} = 0$,可求出第一阶段的决策变量 Θ_i 和变量 F_i:

$$F_i = \frac{2(1 + \alpha)(\zeta - \mu)}{(2 - \theta)^2 - 2(1 + \alpha)^2}, \quad (6-25)$$

$$\Theta_i = \frac{4(1+\alpha)^2(\zeta-\mu)^2}{2[(2-\theta)^2-2(1+\alpha)^2]^2}, \quad (6-26)$$

$$\frac{\partial F_i}{\partial \alpha} = \frac{2(\zeta-\mu)[(2-\theta)^2+2(1+\alpha)^2]}{[(2-\theta)^2-2(1+\alpha)^2]^2}, \quad (6-27)$$

$$\frac{\partial \Theta_i}{\partial \alpha} = \frac{2(\zeta-\mu)[(2-\theta)^2+2(1+\alpha)^2]}{[(2-\theta)^2-2(1+\alpha)^2]^2}, \quad (6-28)$$

$$\because \zeta - \mu > 0,$$

$$\therefore \frac{\partial F_i}{\partial \alpha} > 0, \frac{\partial \Theta_i}{\partial \alpha} > 0. \quad (6-29)$$

根据上述博弈分析结果可以得出，随着合作意愿度的提高，不仅企业技术创新研发投资增加，而且企业实施技术创新后使该企业单位产品成本降低的贡献变大。说明合作意愿度提高有利于促进企业开展技术创新，而且可以提高企业技术创新绩效。基于此，本研究提出如下假设：

H_3：合作意愿对企业技术创新有显著的正向影响。

6.1.4 合作意愿和竞争优势

前面 6.1.1 节分析了合作意愿度高的企业获得收益反而比对方收益少，这种情况下并存的事实是，合作意愿度高的企业还会选择继续合作。下面将继续 6.1.1 节仍然利用博弈理论进行分析，说明合作意愿与集群企业绩效的关系。

在 6.1.1 小节中，两企业博弈均衡的利润函数为：

$$\pi_1^*(\alpha,\beta) = \frac{(\zeta-\mu)^2[2+(1+\alpha)\theta][2+(1-\alpha)\theta-\alpha\theta^2(1+\beta)]}{[4-(1+\alpha)(1+\beta)\theta^2]^2};$$

$$(6-8)$$

$$\pi_2^*(\alpha,\beta) = \frac{(\zeta-\mu)^2[2+(1+\beta)\theta][2+(1-\beta)\theta-\beta\theta^2(1+\alpha)]}{[4-(1+\alpha)(1+\beta)\theta^2]^2}。$$

$$(6-9)$$

以企业 1 为例，分析当对手提高合作意愿度的情况下，代表企业竞争优势的企业利润与合作意愿度的关系。

首先，当两企业都无合作意愿时，即 $\alpha=0$，$\beta=0$，企业 1 的利润为：

$$\pi_1^*(0,0) = \frac{(\zeta-\mu)^2(2+\theta)^2}{(4-\theta^2)^2}。\quad (6-30)$$

在企业 2 提高合作意愿度到 β 时，企业 1 的利润为：

$$\pi_1^*(0,\beta) = \frac{(\zeta-\mu)^2(2+\theta)^2}{[4-(1+\beta)\theta^2]^2} \text{。} \quad (6-31)$$

由于 $\alpha,\beta \in [0,1]$，容易得到：

$$\pi_1^*(0,\beta) - \pi_1^*(0,0) = \frac{(\zeta-\mu)^2(2+\theta)^2}{[4-(1+\beta)\theta^2]^2} - \frac{(\zeta-\mu)^2(2+\theta)^2}{(4-\theta^2)} \text{。} (6-32)$$

上述不等式表明对方企业合作意愿的提高是可以带动企业利润的提高的。也就是说，在产业集群中企业合作意愿的提高可以促进企业竞争优势的提升。这是企业合作意愿偏好产生的更有意义的效果。

另外，还容易证明有合作意愿的集群企业比没有合作意愿的产业集群中的企业获得更多利润，即 $\pi_i^*(\alpha,\alpha) > \pi_i^*(0,0)$，$i=1,2$，说明合作意愿偏好提高了产业集群的整体竞争力。这一证明结论与易余胤（2010）[202]的研究结果相同。基于此，本研究提出以下假设：

H_4：合作意愿对企业获得竞争优势有显著的正向影响。

6.1.5 其他关系假设

(1) 网络关系强度和组织学习

朱海就、陆立军和袁安府（2004）认为集群竞争优势的差异与企业网络的组织化程度有关，其原因在于网络组织化程度的高低影响企业间集体学习的效率[206]。网络关系强度代表产业集群网络中企业（或组织）之间在同一时期进行合作与竞争程度的大小。企业（或组织）之间合作可以通过利用互补性资源、技能和能力来弥补各自所缺的资源。而竞争是组织间为了资源、市场份额、合作收益分配等问题采取的具有对抗性的行动。围绕这种既冲突又依赖的关系，企业为获得所需资源在产业集群中展开活动的同时，通过知识溢出和知识扩散，进行知识的比较、学习和交流。Bian Y. J.（1997）认为个体间缺乏直接关系和大量的交流是影响知识分享的重要原因[207]。Szulanski G.（1996）和 Uzzi B.（1997）等证明了人际联系的强弱影响知识转移的容易程度[208-209]。较强的网络关系强度容易结成广泛的合作范围和频繁的交流，有助于集群成员间相互学习、相互合作。Gulati（1995）认为关系主体双方交往次数增加时，会产生亲密感，加深双方相互信任程度，有利于关系主体之间的学习和模仿，促进了企业之间私有信息和隐性信息的传递[39]。Granovetter（1973）指出紧密的关系能够促进关系主体之间的信任与合作，进而有利于主体获取更多精炼的、高质量的信息和缄默知识[210]。

Szulanski（1996）研究发现，联盟伙伴关系的紧密程度影响联盟知识转移的难易程度，关系程度紧密则有利于企业有更多的机会获得共享的知识和经验[208]。盖翊中（2007）认为，产业网络内厂商对外联络关系的数量越大，在其他条件相同的情况下，厂商能获得的知识也就越多。网络内厂商往来的频率越高，厂商获得知识的数量就越多[211]。王晓娟在研究知识网络与集群企业竞争优势时指出，网络关系强度与其知识获取能力和知识吸收能力紧密相关，关系强度大则集群企业获取和吸收知识的能力越强[212]。

基于此，本研究提出如下假设：

H_5：网络关系强度对组织学习有显著的正向影响。

（2）组织学习和技术创新

技术创新的过程是学习与技术诀窍的积累过程[213]，因此组织学习是集群企业技术创新的重要基础[214]。Argyris 和 schon（1978）研究了组织学习与创新的关系，研究发现在相同的组织条件下，组织学习可以增加组织的创新能力[215]。Powell（1992）较早地提出企业网络是产生新思想和信息的重要来源，通过组织间学习能够获取和使用伙伴企业的知识资源，促进企业的技术创新[216]。Baptista 和 Swann（1998）认为生产与研发知识的外溢对创新活动有正向影响[217]。Slater 和 Narver（1994）认为组织学习是发展能够影响行为的新知识或者洞察力[218]。联盟企业可以积累大量的经验和教训，对企业的内部研发、专利和其他创新产出产生积极的作用[219]。也就是说，组织学习的目的在于创新。如果企业仅仅视组织学习的目的为一种解决企业问题的行为，那么企业组织学习能力往往比较低并且是仅仅能够对现有发展模式做微调，而很难产生创新性行为，更不用提获取更强的竞争优势了。Mabey 和 Salaman（1995）也认为组织学习是组织维持创新的重要因素[220]。Roger Calantonea、Tamer Cavusgil 和 Yushan Zhao（2002）认为组织较强的学习能力倾向会导致较高的组织创新程度[221]。产业集群不仅提供了有利于支持创新活动的技术基础，即创新的所有知识投入品[222]，而且集群集体学习不论是反复学习还是一次性学习，都能以较低的成本进行，有利于创新活动[223]。因此，可以假设：

H_6：组织学习对技术创新有显著的正向影响。

（3）技术创新和竞争优势

竞争优势是某种不同于其他竞争者的独特品质，没有它企业不可能获得更大更强的竞争力。竞争优势只是某些方面的独特表现，如成本领先和差异化战略都可以帮助企业获得竞争优势。企业的技术创新能力强，则它的新产品开发能力快，那么该企业在新产品开发上就具有了竞争优势[224]。近年来，国内外学者从产业集群的外部经济、资源共享和技术创新等方面已经获得了较为成熟的研究成果。例如，波特在国家竞争优势理论中强调国家或产业应该通过提升生产要素的质量、提高生产率、创造新的生产要素等方式改变限制条件并使之成为竞争优势[225]。国内的吴宣恭教授（2002）将集群的竞争优势概括为资源优势、成本优势、创新优势、市场优势和扩张优势等。当前已经有许多学者指出，在知识经济时代，知识及创造和运用知识的能力，是一个企业获得可持续竞争优势的最重要的源泉，因为随着时间的推移，它们的已有优势将消失殆尽。处在"动荡的环境"中的企业，为谋求可持续发展就有必要不断更新自身的竞争力。德戈伊斯曾说过，在不久的将来，企业能够比竞争对手更快地掌握新知识的能力将是其唯一可持续的竞争优势。英国学者 Martin Bell 和 Michael Albu（1999）通过对发展中国家集群的研究发现，企业集群持续的竞争优势来源于知识系统而非生产系统，要获得持续竞争优势需要依靠组织比竞争者更快地创造、传播和使用新知识和新技术[226]。徐瑞平、王丽和陈菊红（2005）认为企业为保持长期的竞争优势，实质上就是不断进行知识积累和快速创新，特别是快速的知识创新能力[227]。周佩莹、袁国栋和肖洋（2006）采用演化经济学的理论框架对知识创新进行了全新的分析，认为在不断变化的外部环境中，企业保持持续竞争优势的关键在于企业间的协同知识创新[228]。Stata（1989）认为通过个人与组织的学习进而引导的创新，是组织中可持续竞争优势的来源[229]。事实上，很多集群企业利用了"创造性的模仿"战略获得市场中的竞争优势，取得了成功。理查德·戴维尼（Richard D'Aveni）于 1994 年提出的超级竞争（Hycompetition）理论强调在动态环境下，仅仅维持已有的竞争优势是不够的，有效的竞争者要及时地建立新的优势，即要对以往技术创新所带来的竞争优势主动"创造性的毁灭"，从而获得持久的竞争优势。换句话讲，只有保持不断创新的精神和能力才能获得必要的竞争优势，即创新是提升竞争优势的有效途径。由此，本研究提出以下假设：

H_7：技术创新对竞争优势有显著的正向影响。

6.1.6 理论模型

本研究在前人的研究成果基础上，经过逻辑推演和小组讨论，确定了本

第六章 合作意愿在网络组织成员获取竞争优势中作用的实证研究

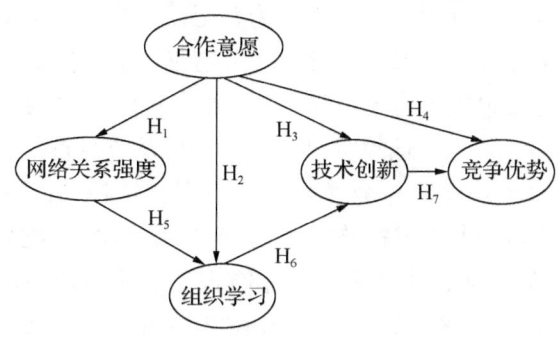

图 6-1 理论假设结构

研究的理论框架如图 6-1 所示。在这个理论框架下，模型中共包含 5 个因素（潜在变量）：合作意愿、网络关系强度、组织学习、技术创新和竞争优势，其中合作意愿为前因变量，网络关系强度、组织学习和技术创新是中介变量，竞争优势是后果变量。图 6-1 充分显示了假设的合作意愿对产业集群竞争优势的直接和间接影响关系，合作意愿与网络关系强度、组织学习和技术创新的内在联系，以及通过技术创新影响竞争优势的过程。下面实证分析中，本研究将对理论模型中各假设的有效性及合理性进行验证，并拟通过结构方程模型（SEM）进一步明确此框架下合作意愿对竞争优势的影响关系。

6.2 研究方法

6.2.1 变量设置

本研究所设计的变量包括合作意愿（外生潜在变量）、网络关系强度（内生潜在变量）、组织学习（内生潜在变量）、技术创新（内生潜在变量）和竞争优势（内生潜在变量）及企业规模和企业年龄等有关控制变量。为了保证正式调查时问卷的信度和效度，也便于统计操作，本次研究所涉及变量的操作性定义及衡量尽量采用国内外现有文献已使用过的量表。基于大量文献对 5 个潜在变量概念的界定及相关研究，本研究设置了 17 个观测变量分别对这 5 个潜在变量进行测度。

（1）合作意愿

企业（或组织）参与合作的行为不仅是一种经济行为，而且是一种心理行为，成员的态度或者意愿对组织行为乃至发展具有深远的影响。根据计划行为理论，刘宇翔提出由成员态度、个人特征、家庭特征、信任因素和成员需求所形成的合作中成员意愿框架[230]。而产权理论认为，产权制度影响到成员的加入意愿、参与管理的意愿、投资意愿及成员参与管理的行为。陈希敏（2006）考虑到农户参与金融合作的最现实选择，以受访农户是否愿意出资入股当地的农村信用社作为金融合作意愿的测度依据[231]。陈冲（2007）的研究结果表明，农民参与合作能否受益的预期心理和农民对于农村合作经济组织是否了解是影响农民合作意愿的重要因素[232]。陈学梅等（2008）通过间接演化方法研究了无形收益和国际战略联盟伙伴企业合作偏好的关系[233]。叶红心、薛耀文和盛昭瀚（2004）认为合作意愿度由先验合作意愿与调节合作意愿两部分构成，需要通过历史记忆和当期合作意愿的调整才能达到。因此，叶红心等认为合作历史信息和基于实际收益与基准收益偏差的价值观影响群体成员对其他成员的态度选择、行为心理而调整其合作意愿度[193]。张朋柱（2006）在研究合作意愿度演化时，也认为其不仅受到成员个体特征的影响，而且是基于合作历史信息的[130]。付相君和彭颖红（2007）也类似地定义了知识合作意愿度和知识协同的合作意愿度[234]。杨东升和张永安（2009）研究结果表明企业对于技术成果的需求旺盛则存在着强烈的合作意愿[195]。由于国内外文献中可借鉴的有关合作意愿成熟量表很少，所以本研究根据它们的定义，并综合了以上文献中对合作意愿的表述和研究结论，设置了历史信任感知、联盟需求和收益预期3个测量变量及其描述见表6-1。

表6-1 合作意愿的测量项目

潜在变量	观测变量	项目描述	参考文献
合作意愿	历史信任感知	根据历史合作信息，认为其他企业可信任的程度	陈希敏（2006）、陈冲（2007）、叶红心，薛耀文和盛昭瀚（2004）、付相君和彭颖红（2007）、杨东升和张永安（2009）
	联盟需求	与其他企业结成战略联盟的需求程度	
	收益预期	合作前，对合作可增加收益的预期	

（2）网络关系强度

网络关系强度指网络主体之间关系的强弱。许多学者从不同的研究角度

第六章 合作意愿在网络组织成员获取竞争优势中作用的实证研究

给出了不同的测度方法。Granovetter（1973）在研究中建议根据某一联结上所花的时间、情感投入程度、亲密程度及互惠性来定义网络的联结强度[210]。McFadyen 和 Cannella（2004）认为网络关系可以给企业带来信息收益，因此企业内外部联系的频次，反映了双方的重复交互程度。Hansen（1999）指出联系的密切程度和数量等，可反映企业了解对方的程度[235]。Marsden 和 Campbell（1984）提出用亲密程度、关系持久度、沟通频率及相互信任程度作为测量联结强度的指标[236]。此外，Nooteboome 和 Gilsing（2004）在对创新网络进行研究时，分别用范围、持续性、互惠理解的特殊性投资、互动频率、个人信任与正式控制6个指标来描述联结力度的强弱程度[237]。更多的学者，如 Burt（1992）和 Levin、Cross（2003）等主张将关系强度的度量集中在两个主体之间交往的密切程度及交往频率这两个方面[42,238]。Hausman（2001）认为关系强度的3个关键构成维度是：承诺、相互信任和双边关系主义[239]。张玲（2008）认为可以从互动频率、稳定性和互惠性3个方面衡量网络关系强度时考虑[240]。潘松挺（2009）在他的研究中将企业网络关系强度归结为接触时间、投入资源、合作交流范围和互惠性[241]。本研究综合分析了不同学者所提出的网络关系强度的测量指标，选取并确定从互惠性、合作交流范围、接触的频率和关系持久度4个角度对网络关系强度进行测量，具体的项目设置见表6-2。

表6-2 网络关系强度的测量项目

潜在变量	观测变量	项目描述	参考文献
网络关系强度	互惠性	企业合作是一个双赢关系	Granovetter（1973）、Blumstein & Kollock（1988）、Marsden & Campbell（1984）、Nooteboome & Gilsing（2004）、Burt（1992）、Hansen（1999）、Levin & Cross（2003）、潘松挺（2009）
	合作交流范围	企业间进行的是多项目全面合作	
	接触频率	企业间交流合作频繁	
	关系持久度	企业间合作关系存在许多年	

（3）组织学习

组织学习是指组织以过去的知识和经验为基础，通过分享组织的见解、知识和心智模式的方式来学习[242]。Stabler 和 Ewaldt（1998）认为组织学习是指组织通过资料处理过程改变组织知识，促使组织进行结构和流程创新，找到新的方法，在新的环境中获得成功[243]。从以上两种典型定义上看出，组织学习不仅是要求组织的整体行为能够得到明显改进的一种活动、一种能力和一种结果，更是一种过程[244]。近年来不同学科学者分别从组织学习的定义、类型、过程和模型等对其进行了研究。但是组织学习从根本上讲不能与学习的过程分离，组织学习是对组织知识的建立、补充和管理。因此，本研究借鉴以下学者的观点从学习的过程角度设计了问题项目对组织学习进行度量。Argyris 和 Schon（1978）认为组织学习的过程包括发现、发明、执行和推广4个阶段[245]。Weick（1979）提出了一个从收集资料开始，经过解释意义，到采取学习行动，再反馈到前两个步骤并进而展开下一个循环的认知过程[246]。Huber（1991）认为组织学习是通过信息处理程序改变潜在行为的模式，包含知识获取、信息分发、信息解释和组织记忆的过程[247]。陈国权和马萌（2000）基于 Argyris 和 Schon 的研究成果，提出在发现和推广之间增加了反馈阶段，建立了五阶段知识学习模型[248]。Slater 和 Narver（1995）认为组织学习经历了信息获得——信息扩散——共同解释3个阶段，最终将共同的解释作为组织记忆的方式进行储存，在需要的时候能重新被提取进行再加工。他们认为组织学习还应具备重组和修正的过程，并且指出了存在组织学习边界之外的创造性学习[218]。国内以和金生教授为代表的知识管理学家认为知识学习循环中要重视知识的融合与发酵[249]。通过对国内外已有文献的分析总结，本研究设计了以下4个项目来测度组织学习，见表6-3。

表6-3 组织学习的测量项目

潜在变量	观测变量	项目描述	参考文献
组织学习	知识共享	通过企业彼此间交流，知识扩散到各个层面	Argyris & Schon（1978）、Weick（1979）、Huber（1991）、陈国权和马萌（2000）、Slater 和 Narver（1995）、和金生（2002）
	知识发酵	通过知识传播和演变，达到知识增值和有效应用	
	知识获取	将其他企业的知识转化为企业自身的知识	
	知识重组	调整知识结构，组成符合企业发展的知识体系	

(4) 技术创新

技术创新是指对产品和过程的创新或改良。Betz（1993）将技术创新定义为：发明、培育与将新产品导入市场的过程和服务等[250]。鉴于技术创新过程和产出的复杂性和多样性，目前形成了两种关于技术创新公认的测度体系。一种思想是学者们从创新所带来的变革程度或应用程度所做的分类，比如 Marquis（1982）提出的技术创新分为渐进式创新、系统创新和突破式创新[251]。另一种思想是依据创新的种类或从企业技术开发形成创新成果来看，企业技术开发过程是企业改进工艺水平，形成新的技术积累和新的工艺流程等，在新技术、新工艺和专利上提供创新成果，从而促进企业创新绩效的过程。比如 Stock 等（2002）指出技术创新是利用新的技术使产品、服务或者产品及服务流程的方法产生变革[252]。为了能更准确地描述技术创新情况，笔者通过了解产业集群现状后选择从第二个角度进行研究，故整理了主要的相关文献如下。Gemünden、Ritter 和 Heydebreck（1996）从产品创新和工艺创新两个维度对创新成功进行了度量[253]。Schumann（1994）认为组织中的技术创新活动分为：产品创新、流程创新和程序创新[254]。Betz（1998）认为技术创新是将新产品、流程或服务导入市场，因此将技术创新分为：产品创新、流程创新和服务创新[255]。韦影（2005）[256]、张方华（2006）[257]和许冠南（2008）[258]从创新效率的角度对技术创新绩效进行度量，考虑了新产品开发速度与成功率。综合考虑创新成果及创新效率，本研究技术创新的度量变量包括研制新技术、开发新产品和改进工艺流程 3 个变量，见表6–4。

表6–4 技术创新的测量项目

潜在变量	观测变量	项目描述	参考文献
技术创新	研制新技术	新技术开发成功率	Gemunden、Ritter & Heydebreck（1996）、Schumann（1994）、Betz（1998）、韦影（2005）、张方华（2006）、许冠南（2008）
	开发新产品	开发新产品难以被模仿的程度	
	改进工艺流程	通过改进的工艺和流程以降低生产成本的水平	

(5) 竞争优势

关于企业竞争优势的研究文献不胜枚举，但是经过考察后发现有关企业竞争优势测度指标主要集中在两个角度。一是采用企业财务绩效指标，诸如资产收益率（ROA）、销售收益率（ROS）等。国外学者 Chandler、Hanks（1993）和 Hitt、Hoskisson、Kim（1997）指出用财务指标来测度企业绩效水平是重要的[259-260]。在国内姜加宏（2006）认为财务指标是企业传统的衡量企业绩效的标准，在业绩考核中占举足轻重的位置。但由于财务绩效水平单指标测度易产生"自我否定"[261]，也有很多学者如 Ma Hao（2000）[262]、Hoffman（2000）[263] 和 Durand（2002）[264] 均指出，企业的财务绩效水平并不等同于企业竞争优势水平。另一个角度是非财务绩效指标。Porter（1998，2000）认为，产业集群代表着一种能在效率、效益及韧性方面创造竞争优势的空间组织形式，其中包括成本优势、基于质量的产品差异化优势、区域营销和品牌优势、创新优势、市场竞争优势、生产率优势等。之后一些学者将波特所提出的优势划分为了顾客价值优势、创新优势、效率优势和市场竞争优势，而前3种更适合研究集群企业竞争优势。由于本研究将技术创新作为一个潜在变量，所以在竞争优势量表中不再专门设置创新绩效题项。张胜和路风（2003）认为企业竞争优势主要体现在效率和顾客价值两个方面[265]。张玲（2008）在研究社会网络的知识创新对集群企业竞争优势的影响时，从核心竞争力的角度提出竞争优势研究变量：效率、效益、创新和顾客价值[240]。吴结兵（2006）在研究企业网络结构与产业集群竞争能力时，从效益和效率两个维度设置销售收益率和劳动生产率两个指标进行测度[266]。这里的竞争优势量表吸取了国内外学者们的观点，采取财务指标和非财务指标相结合的方法，设置了包含效率、效益和顾客价值3个测量项目，并以与同行业其他企业进行比较的结果作为题项测量结果，见表6-5。

表6-5 竞争优势的测量项目

潜在变量	观测变量	项目描述	参考文献
竞争优势	效益	企业总销售收益率与同行业平均水平相比	Chandler & Hanks（1993）、Hitt, Hoskisson & Kim（1997）、张倩男（2008）、吴结兵（2006）、张胜和路风（2003）、张玲（2008）
	效率	企业劳动生产率与同行业平均水平相比	
	顾客价值	顾客对企业产品的满意程度	

6.2.2 设计问卷

马庆国在长期从事管理科学研究后总结管理研究方法时指出，问卷是管理学科调查收集数据的重要测量工具[267]。而合理的问卷设计过程是保证数据信度和效度的重要前提。根据李怀祖（2004）[268]的建议，在设计时根据研究目的拟定问卷内容，为使问卷能真实反映所研究的问题，还要避免采用容易产生歧义的语句，用词尽量简单，力求明确具体，符合答题人的特点。本研究基于 Hinkin（1995）的观点，按照题项产生、专家确认和预测试的步骤设计问卷，开发过程包括以下几个具体程序：

（1）通过文献回顾，借鉴实证研究合作意愿度、网络关系强度、组织学习、技术创新和竞争优势中已有量表的理论构思，本研究对测度题项进行了设计，形成问卷初稿。

（2）问卷初步完成后，与学术界的专家对问题题目之间的逻辑关系和描述进行了交流。鉴于大多数专家认同所研究变量之间的关系，因而只根据所反馈的意见对问题措辞与表达进行修改，形成问卷第二稿。

（3）之后邀请了部分纺机产业集群企业界人士进行访谈。一部分访谈对象是具有良好管理知识背景的企业高层管理人员，由于他们充分了解企业实际情况，与他们讨论的主要是问卷题目是否能反映企业相关情况。另一部分访谈对象是学术背景相对较弱的企业管理人员，通过他们了解问卷的表达方式和用词的恰当性，尽量排除难以理解或表达含糊不清的情况，以确定是否可以被一般企业认识所理解。根据他们的意见对问卷进行修正。

（4）在此基础上，发放 30 份问卷进行小样本预调查，根据他们的调查结果做初步检验，进一步修改完善问卷后形成了调查问卷的最终稿（请参见附录）。

为了减少诸如一些变量多难以量化测定，且有些数据可能会涉及调查对象的商业机密而得不到回答或难以获得真实信息等问题，本研究对变量的测度采用了李克特（Likert）10 级量表打分法。其中"1"代表"极不符合"，符合程度最低，"10"代表"极符合"，符合程度最高，"2，3，4，5，6，7，8，9"代表程度依次提高。另外，还采取了一些措施减少对问卷测度的客观性和准确定性的影响，比如选择在企业工作两年以上对企业运作情况熟悉的中高层管理人员作为调查对象；指明本调查纯属学术研究目的，避免不愿如实回答带来的负面影响；确定所设计问题为近两年的企业情况，尽量减少因记忆问题所引起的偏差。

6.2.3 数据收集与描述

（1）数据收集

本次问卷调研的样本来自山西省晋中市榆次区纺机产业集群。该产业集聚区距太原市约25公里，境内石太、南同蒲、太焦三线交汇，太旧、大运高速、108国道穿境而过，是山西省交通运输的重要枢纽。榆次纺织机械工业源于20世纪50年代，国营经纬纺织机械厂建成投产。"九五"之后，凭借经纬厂的辐射与带动，在经济技术开发区、榆次区逐步兴起一支民营企业为主体的纺机配件生产、加工群体。目前，该产业集群是以经纬纺织机械厂为中心，以山西福晋纺织机械制造有限公司、山西贝斯特机械制造有限公司和山西沪晋纺织有限公司的龙头（骨干）企业为中心容纳近300家纺机企业的典型纺机企业聚集区，其中规模较大的整机生产企业6户，专件生产企业30户，其余为配件加工企业。选择这一地区进行实证调查的考虑是：首先，2008年该产业集群被评为中国纺织机械名城，研究对象具有典型性；其次，近年来纺机产业集群内部存在无序竞争，整体发展较慢，但在2007年成立的晋中市工商联纺机商会为纺机行业搭建公共服务平台，促进纺机企业良性发展，具备了本研究所需的研究背景；最后，该产业集群企业分布集中，数量多，易于获取样本。因而，本书以纺机产业集群企业作为研究的对象，从2009年7月至8月，以走访的方式共向纺机企业中、高层管理人员或者主管技术研发的管理人员发放问卷280份，不仅避免了样本的同质性和重复填写，还保证了受访企业类型分布均匀。收回有效样本（本次删除了问卷主体部分数据缺失的样本后剩余的样本）277份，有效回收率为98.92%，达到SEM所需的最低样本容量要求。

（2）样本描述

根据山西省中小企业局2009年对山西省晋中市榆次区纺机产业集群的统计情况，该产业集群主要分布在榆次区郭家堡乡、张庆乡、修文镇，中小型企业居多。受金融危机影响，2009年小型纺机企业处于停产状态，还有部分企业转产。为了保证本研究样本企业都具有一定的技术创新能力，增强统计的有效性，本研究选择2008年和2009年年均销售收入均在100万元以上，从业人员数都在50人以上的纺机企业为研究对象。样本的具体分布情况主要通过企业规模、成立年龄和企业性质等特征指标来进行分析。

第六章 合作意愿在网络组织成员获取竞争优势中作用的实证研究

1) 企业规模

将样本按照企业的规模（即企业员工人数）分为4个档次，详细分布情况见表6-6。为了保证研究的准确性和可靠性，对于规模较大的企业发放了较多的样本，其中500人以上的样本占到总数的28.16%。

表6-6 样本的企业规模分布

企业员工人数	样本数	百分比/%
50～100人	54	19.49
101～200人	70	25.27
201～500人	75	27.08
500人以上	78	28.16
合计	277	100

2) 企业年龄

本研究将样本按照企业年龄分为3个档次，按照所占百分比从大到小依次为：10～20年，不足10年和20年以上的，详细分布情况见表6-7。

表6-7 样本的企业年龄分布

企业年龄	样本数	百分比/%
不足10年	90	32.49
10～20年	102	37.18
20年以上	85	30.69
合计	277	100

3) 企业性质

将样本按照企业性质分类，详细分布情况见表6-8。由于该产业集群中，大多数是民营中小企业，仅有一家国有企业和一家中外合资企业，所以本研究中民营企业样本约占70%，另外两种企业类型的样本较少，但也占到了样本总数的近30%。

表6-8 样本的企业性质分布

企业性质	样本数	百分比/%
国有企业	50	18.05

续表

企业性质	样本数	百分比/%
中外合资企业	30	10.83
民营企业	197	71.12
合计	277	100

6.2.4 分析方法

本研究通过问卷调查方式收集回的数据，将进行描述性统计、信度与效度检验及结构方程模型检验等分析工作。在研究过程中选用的统计分析软件为 SPSS Statistics 17.0 和 AMOS 17.0。其中，软件 SPSS Statistics 17.0 用于描述性统计分析和测度变量的信度和效度，软件 AMOS 17.0 则用于对提出的假设进行结构方程模型的检验。

（1）描述性统计

描述性统计主要是对样本进行整理，分析各项指标的均值、最大值、最小值及方差等，以掌握样本数据的基本分布情况。

（2）效度和信度检验

为了能够让收集到的观测变量确实可以反映潜在的概念内涵，应对测量结果进行信度和效度分析。只有具备足够的信度和效度才能确保概念模型构建的有效性和合理性。

信度指的是测量效果的可靠程度。信度的高低，反映了测量结果的一致性和稳定性。本研究所用的 Likert 量表适宜用 Cronbach's α 系数来衡量主要检验属于一个潜在变量的观测变量之间的内部一致性。Cronbach's α 系数介于 0~1，值越大，表示信度越高。通常，总量表的 Cronbach's α 系数值最好在 0.8 以上，0.7~0.8 是可以接受的，0.7 以下说明量表存在较大问题需要重新修订；分量表的 Cronbach's α 系数值根据 Nunnally（1978）和 Nunnally、Bernstein（1994）的建议以 0.70 作为 Cronbach's α 系数标准[269-270]，最好在 0.7 以上，0.6~0.7 可以接受，0.6 以下应考虑重新修订。

效度是指测量工具能正确测量出想要衡量的性质的程度，即测量的正确性。测量的效度通常包括 3 种类型：内容效度、建构效度和效标效度。内容效度指的是一个测验本身所包含的概念意义范围或者程度，也就是量表内容的适当性与代表性。内容效度主要依赖于设计量表的程序、规则和内容涵盖程度。建构效度是指测验能够测量出理论的特质或概念的程度。建构效度的检验通常是以因子分析来检验测量工具的效度，有效地抽取公共的因子，考察这些公共的因子是否具备理论上的意义。这种方法先执行统计分析，更关注于多少因子可以用于解释一组指标。若能有效地提取共同因子，且此共同因子与理论结构的特质较为接近，则可判断测量工具具有建构效度。效标效度是测验的结果与测验所欲测量的概念的外在效标的相关程度，此效度具有预测与估计能力，在本研究中不做效标效度检验。

（3）结构方程建模

在信度与效度检验之后，本研究将运用结构方程模型法来检验合作意愿对竞争优势作用机制的概念模型。结构方程模型（SEM）是一种将事物的客观状态以因果假设的方式加以呈现，然后以量化的资料加以验证的一种新的统计学方法，可以确认存在相互影响关系的变量之间的路径结构。

结构方程模型不仅用于处理潜在变量之间的线性关系，而且对潜在变量进行了测量，因此，结构方程模型包括了测量关系和结构关系。结构方程模型用矩阵形式可表示为：

$$x = \Lambda_x \xi + \delta, \tag{6-33}$$

$$y = \Lambda_y \eta + \varepsilon, \tag{6-34}$$

$$\eta = B\eta + \Gamma\xi + \zeta_。 \tag{6-35}$$

其中，式（6-33）和式（6-34）为测量模型，式（6-35）是结构模型，其矩阵形式是：

$$x = \begin{bmatrix} x_1 \\ x_2 \\ x_3 \\ x_4 \end{bmatrix}, \Lambda_x = \begin{vmatrix} \lambda_{x11} & 0 \\ \lambda_{x12} & 0 \\ 0 & \lambda_{x23} \\ 0 & \lambda_{x24} \end{vmatrix}, \xi = \begin{bmatrix} \xi_1 \\ \xi_2 \end{bmatrix}, \delta = \begin{bmatrix} \delta_1 \\ \delta_2 \\ \delta_3 \\ \delta_4 \end{bmatrix}, y = \begin{bmatrix} y_1 \\ y_2 \\ y_3 \\ y_4 \end{bmatrix},$$

$$\varepsilon = \begin{bmatrix} \varepsilon_1 \\ \varepsilon_2 \\ \varepsilon_3 \\ \varepsilon_4 \end{bmatrix}, B = \begin{bmatrix} \beta_{12} & 0 \\ 0 & 0 \end{bmatrix}, \Gamma = \begin{bmatrix} \gamma_{11} & \gamma_{12} \\ \gamma_{13} & \gamma_{14} \end{bmatrix}$$

方程中各变量含义如下：x 为外生观测变量向量；ξ 为外生潜在变量向量；Λ_x 为外生观测变量与外生潜在变量之间的关系，是外生观测变量在外生潜在变量上的因子载荷矩阵；δ 为外生观测变量的残差项向量。y 为内生观测变量向量；η 为内生潜在变量向量；Λ_y 为内生观测变量与内生潜在变量之间的关系，是内生观测变量在内生潜在变量上的因子载荷矩阵；ε 为内生观测变量的残差项向量。B 和 Γ 都是路径系数，B 表示内生潜在变量之间的关系，Γ 则表示外生潜在变量对于内生潜在变量值的影响；ζ 为结构方程的误差项[271]。

SEM 具有以下优点：允许自变量含有测量误差；可以同时处理多个因变量；可以在一个模型中同时处理因素的测量关系和因素之间的结构关系；允许更具弹性的模型设定。由于合作意愿对竞争优势作用的概念模型中合作意愿、网络关系强度、组织学习、技术创新和竞争优势所设计的变量具有难以直接测量、因果关系复杂、主观性强等特点，因而适用于结构方程模型。利用样本数据测得模型的拟合情况，对于拟合欠佳的部分做出修正，最终产生一个具有高拟合度的最佳模型，完成此过程选用了软件 AMOS 17.0。

根据侯杰泰（2004）和林嵩（2008）的研究成果，应用结构方程模型对既定研究的原假设检验过程可分为 5 个步骤：模型设定（Model Specification）、模型拟合（Model Fitting）、模型评价（Model Assessment）、模型修正（Model Medification）及模型解释（Model Explaining）[271-272]。其中，用于评价模型拟合度的指标及具体判别标准见表 6-9。

表 6-9 结构方程模型的各种拟合度指标

指标类别	指标名称	优良的拟合标准[273-274]	有效的拟合标准[275-276]
绝对拟合度指标	CMIN	显著性概率 $P > 0.05$	
	CMINDF	<2	<3
	GIF	>0.9	>0.8
	AGIF	>0.9	>0.8
	PGIF	>0.5	>0.5
	RMR	<0.05	<0.08
增值拟合度指标	CFI	>0.9	>0.8
	NFI	>0.9	
	RFI	>0.9	
	TLI	>0.9	
	IFI	>0.9	
	RMSEA	<0.05	<0.08

续表

指标类别	指标名称	优良的拟合标准[273-274]	有效的拟合标准[275-276]
精简拟合度指标	AIC	越小越好	
	CAIC	越小越好	

当模型拟合效果达到可接受水平后，与路径系数相应的临界值 C. R. (Critical Ratio) 即可用于判断模型设定的假设得到验证与否。具体地，当其值（非标准化路径系数除以标准差的比率）大于 1.96 时，表明该路径系数在 $P \leqslant 0.05$ 的水平上具有统计显著性[273]。

6.3 数据分析

6.3.1 描述性统计分析

根据收回的有效调查问卷数据，运用 SPSS 软件从样本量、最大值、最小值、平均值和方差对被调查企业各变量得分进行了统计计算，结果见表 6-10。

表 6-10 各变量统计分析结果

潜在变量	观测变量	样本量	最大值	最小值	平均值	标准差
合作意愿	历史信任感知	277	10	1	5.17	2.12
	联盟需求	277	10	1	5.52	2.17
	收益预期	277	10	1	6.70	2.22
网络关系强度	互惠性	277	10	1	6.81	2.09
	合作交流范围	277	10	1	7.81	2.13
	接触频率	277	10	1	7.73	2.17
	关系持久度	277	10	1	7.76	2.04
组织学习	知识共享	277	10	1	5.53	2.14
	知识发酵	277	10	1	5.78	2.14
	知识获取	277	10	1	5.50	2.26
	知识重组	277	10	1	5.38	2.12

续表

潜在变量	观测变量	样本量	最大值	最小值	平均值	标准差
技术创新	开发新技术	277	10	1	5.33	2.13
	研制新产品	277	10	1	5.04	2.20
	改进工艺流程	277	10	1	4.51	2.21
竞争优势	效益	277	10	1	5.83	2.36
	效率	277	10	1	3.79	2.46
	顾客价值	277	10	1	5.32	2.52

6.3.2 信度检验

信度和效度是实证研究的一个重要环节。只有满足一定信度和效度，实证分析结果才具有说服力。本研究采用 SPSS17.0 研究数据的内部一致性，具体数值见表 6-11。经检验，问卷各变量的 Cronbach's α 系数值均大于 0.7，样本的信度通过内部一致性检验。经检验总量表的信度 Cronbach's α 系数为 0.934，通过内部一致性检验，说明本研究所使用数据具有很好的信度。同时，对各潜在变量分量表分别检验信度，结果显示了各潜在变量量表的 Cronbach's α 系数均在 0.78 以上，去掉任何一个观测变量后其量表 α 系数均有所降低，说明各分量表数据可靠性较高。综上所述，信度检验说明总量表和分量表都具有较好的内部一致性信度。

表 6-11 各变量信度检验结果

潜在变量	观测变量	删除题项后 Cronbach's α 值	Cronbach's α 值
合作意愿	历史信任感知	0.784	0.865
	联盟需求	0.727	
	收益预期	0.907	
网络关系强度	互惠性	0.870	0.872
	合作交流范围	0.830	
	接触频率	0.799	
	关系持久度	0.831	

续表

潜在变量	观测变量	删除题项后 Cronbach's α 值	Cronbach's α 值
组织学习	知识共享	0.826	0.881
	知识发酵	0.853	
	知识获取	0.844	
	知识重组	0.866	
技术创新	开发新技术	0.911	0.945
	研制新产品	0.913	
	改进工艺流程	0.933	
竞争优势	效益	0.734	0.785
	效率	0.658	
	顾客价值	0.731	

6.3.3 效度检验

为了保证研究的准确程度，以下进行了内容效度和建构效度两种效度检验。

（1）内容效度

本研究设计的问卷是基于文献整理并通过多次访谈研究而得到的。借鉴相关实证研究的成熟量表确保问卷内容完整且题意清楚的理论基础，同时与学术界专家、企业中高级管理人员进行了反复讨论和修正，使得问卷内容充分涵盖所测量的内容。问卷通过预测试，本研究认为其已经具备了所要求的内容效度。

（2）建构效度

为了证明本研究中潜在变量所反映理论的概念和特征的程度，这里采用探索性因子分析方法。首先在进行因子分析前，对总量表进行了 KMO 样本检测和 Bartlett 球体检验。其 KMO 值为 0.932，Bartlett 统计值为 3711.087，且 Sig. =0.000。检验结果符合要求，说明这些题项适合进一步做因子分析。根据特征根大于 1，最大因子载荷大于 0.5 的要求，本研究运用主成分分析法中极大方差法正交旋转，对总量表抽取 5 个公共因子。经过 SPSS 中 Factor 分析可以发现 17 个题项归结为 5 个因子，各变量因子载荷均在 0.5 以上，累积方差贡献率大于50%，说明了因子分析抽取结果与指标设置时的变量结构一致，本研究对这5个潜在变量——合作意愿、网络关系强度、组织学习、技术创新和竞争优势的划分是有效的，本量表具有较高的建构效度。

6.4 结构方程模型分析

通过上述信度和效度检验，结果表明本研究所构建的测量模型具有较好的表征效果，可以用来进行更进一步的结构分析。本研究将运用结构方程模型法来检验前面提出的合作意愿对竞争优势作用机制的概念模型和相关假设。利用样本数据测得模型的拟合情况，对于拟合欠佳的部分做出修正，最终产生一个高拟合度的最佳模型。下面按照结构方程模型应用过程的5个步骤：模型设定、模型拟合、模型评价、模型修正及模型解释进行分析。

6.4.1 模型设定

按照前文所构建的合作意愿对竞争优势作用机制概念模型和变量设置中的具体题项内容，本研究设定了初始结构方程模型及路径，拟设定的各潜在变量之间的关系就很直观地显示出来，其中潜在变量用椭圆表示，观测变量用矩形表示，假设路径用箭线表示，如图6-2所示。在该设立的模型路径图中模型参数共有67个，其中自由参数41个，样本资料所能提供的数据点为153个，模型的自由度为112，达到了模型可识别的必要条件。

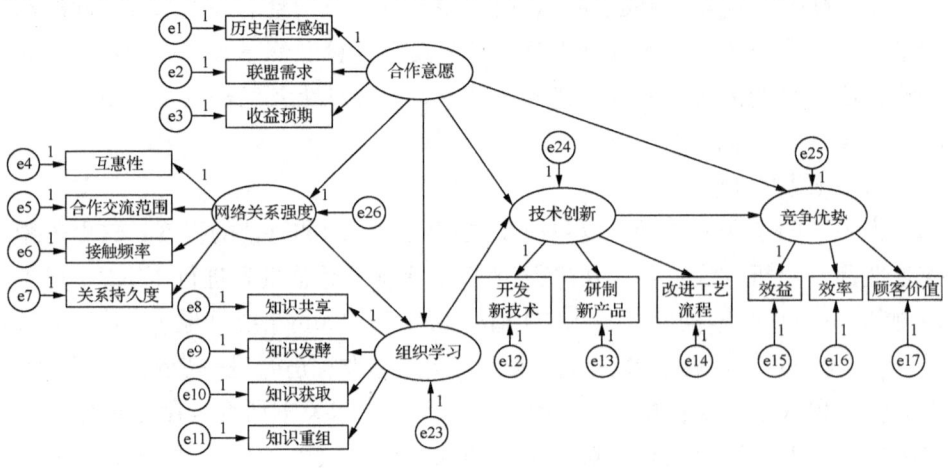

图6-2 理论模型建模与参数结构

6.4.2 模型拟合

本研究采用结构方程模型分析时，采用了极大似然法进行拟合，在选择了 AMOS 提供的标准化参数拟合结果和修正的相关信息等输出结果选项后，运行软件模型自动拟合。由于已经在前面章节对数据进行了必要的加工和信度效度分析，包括对于缺失数据的处理，模型拟合过程从初始的扫描数据资料经历了 11 次的迭代，最终收敛，得到的模型卡方值为 237.9，自由度为 112。

6.4.3 模型评价

模型拟合后，检验并从绝对拟合度指标、增值拟合度指标和精简拟合度指标来评价模型，结果见表 6-12。结构方程分析结果从绝对拟合度指标、增值拟合度指标和简约拟合度指标来评价模型。①绝对拟合度指标：χ^2 值为 237.914，自由度 df 为 112，χ^2/df 为 2.124，小于 3，GFI = 0.904，大于 0.9，RMSEA = 0.064，小于 0.08，AGFI = 0.868，大于 0.8，PGFI = 0.661，可见绝对拟合度指标均达到了可接受的范围；②增值拟合度指标：NFI、IFI、CFI、RFI 和 TLI 分别为 0.937、0.966、0.966、0.924 和 0.958，很明显 NFI、IFI、CFI、RFI 和 TLI 都大于 0.90，PNFI = 0.772，PCFI = 0.795，大于 0.5，符合标准；③精简拟合度指标：CAIC = 509.499，AIC = 319.914，说明本研究构造的模型拟合指标达到可以接受标准，但是与理想的拟合指数值仍有差距。

表 6-12 初始模型检验结果

路径假设	标准路径系数	非标准路径系数	标准误	临界值	显著性概率
合作意愿→网络关系强度	0.385	0.268	0.047	5.655	***
合作意愿→组织学习	0.794	0.782	0.050	15.601	***
网络关系强度→组织学习	0.164	0.232	0.065	3.562	***
合作意愿→技术创新	0.364	0.378	0.077	4.927	***
组织学习→技术创新	0.606	0.640	0.080	7.954	***
技术创新→竞争优势	0.497	0.370	0.102	3.628	***

续表

路径假设	标准路径系数	非标准路径系数	标准误	临界值	显著性概率
合作意愿→竞争优势	0.263	0.204	0.104	1.953	0.051
拟合指标	①绝对拟合度指标：$\chi^2 = 237.914$，$df = 112$，$\chi^2/df = 2.124$，GFI = 0.904，RMSEA = 0.064，AGFI = 0.868，PGFI = 0.661；②增值拟合度指标：NFI = 0.937，IFI = 0.966，CFI = 0.966，RFI = 0.924，TLI = 0.958，PNFI = 0.772，PCFI = 0.795；③精简拟合度指标：CAIC = 509.499，AIC = 319.914				

注：＊＊＊表示显著性水平 $P < 0.001$。

与此同时，从初始结构方程模型运算结果信息所给出的潜在变量间路径系数来看，如表6-12所示，结构方程模型中大部分路径系数在0.001的水平上具有统计显著性，虽然合作意愿→竞争优势路径系数在显著性水平0.05上不显著，但是该路径的临界值为1.953，与临界标准1.96存在偏差很小，不宜简单地视为不显著路径。综合模型拟合指标效果，考虑下一步进行模型修正。

6.4.4 模型修正

从模型初步运行结果指标看到，模型的拟合效果可以接受但不是很理想，出现这种情况的可能原因一般包括两个方面，一是由于所建立的理论模型有一些问题可能未考虑到，比如残差变量间的关系，也可能是因为通过调查问卷获得的数据所造成的偏差。理论上，在不影响初始模型的整体布局构思的基础上对初始模型局部性的修正，可以提高当前模型的拟合指数。调整思路有两条：一是将不显著的路径关系和变量删除，提高模型的识别性；二是通过修正指数 MI（Modification Index）结果，增加新的变量间关系，以提高模型拟合程度，使模型结构更加合理。由于本研究设计的问卷题目信度很好，所以不考虑更改潜在变量的观测变量，也不存在不显著且实际意义上不合理的路径关系，因而，采用第二种方法来修正模型。利用修正指标来了解造成适配度不佳的原因，调整过程从模型拟合效果改善最大的措施开始，释放测量误差项尝试修正；并且每项修正措施，都具有理论支持和合理解释；

每次仅对一个参数进行调整，利用修正后的结果再考虑下一步的分析步骤。

依据以上原则和步骤，本研究结合拟合结果信息中修正指数 MI 值对模型重复修正，首先寻找 MI 值最大的两个残差，e10 和 e11 的 MI 值为 18.609，而实际上知识获取和知识重组的残差项具有关系是可以解释的，因此，增加 e10 和 e11 的相关性路径，卡方值降为 218.2。

重新估计模型，再次寻找 MI 值最大的，e2 和 e3 的 MI 值较大，其值为 14.800，当增加 e2 和 e3 之间的残差相关路径，卡方值降为 201.2。当然从实际情况上看，如果企业合作前对合作可增加收益的预期不好，那么与其他企业结成战略联盟的需求程度也就不会高，因此，有共同的残差来源是合理的。因此，再度释放这一参数。

修正至此，模型某些指数获得改善，只有卡方自由度比处于模式可接受的边缘。重新估计模型，再次寻找 MI 值最大的，e13 和 e14 的 MI 值最大为 6.663，改进的工艺和流程增加了新产品开发难以被模仿的程度，因此增加这二者之间的残差相关路径，卡方值降为 192.3。

重新估计模型，再次寻找 MI 值最大的，e4 和 e7 的 MI 值为 6.813，e4 和 e7 对应的观测变量为互惠性和关系持久度，企业合作是一个双赢关系时，企业间合作关系可以存在许多年，潜在变量互惠性对关系持久度有直接效果，所以当前增加 e13 和 e14 之间的残差相关路径，卡方值下降至 182.715。

至此，剩下的变量之间 MI 值没有可以做处理的变量对了，模型修正完毕。

6.4.5 假设验证

通过上面的调整过程，结构方程模型运用极大似然估计运行后，分析结果主要从以下绝对拟合度指标、增值拟合度指标和精简拟合度指标来评价模型。①绝对拟合度指标：χ^2 值为 182.715，自由度 df 为 108，χ^2/df 为 1.692，小于 2，GFI = 0.929，大于 0.9，RMSEA = 0.050，等于 0.05，AGFI = 0.900，等于 0.9，PGFI = 0.655，可见绝对拟合度指标均达到了优良水平；②增值拟合度指标：NFI、IFI、CFI、RFI 和 TLI 分别为 0.952、0.980、0.980、0.939 和 0.974，很明显 NFI、IFI、CFI、RFI 和 TLI 都大于 0.90，PNFI = 0.756，PCFI = 0.778，大于 0.5，符合标准；③精简拟合度指标：AIC = 272.715，CAIC = 480.796。可以看出，修正后模型的拟合指数不仅在一定程度上改进了修正前的拟合指数，而且均达到了优良的拟合标准，见表6-13。说明本研究构造的模型拟合程度高，模型可以用来研究本课题。

表6-13 修正前和修正后拟合指标比较

拟合指标名称		优良的拟合标准	修正前	修正后
绝对拟合度指标	χ^2	越小越好	237.914	182.715
	χ^2/df	<2	2.124	1.692
	GFI	>0.9	0.904	0.929
	RMSEA	<0.05	0.064	0.050
	AGFI	>0.9	0.868	0.900
	PGFI	>0.5	0.661	0.655
增值拟合度指标	NFI	>0.9	0.937	0.952
	IFI	>0.9	0.966	0.980
	CFI	>0.9	0.966	0.980
	RFI	>0.9	0.924	0.939
	TLI	>0.9	0.958	0.974
	PNFI	>0.5	0.772	0.756
	PCFI	>0.5	0.795	0.788
精简拟合度指标	AIC	越小越好	319.914	272.715
	CAIC	越小越好	509.499	480.796

修正后得到的最优模型经过拟合后，即可得到理论模型的路径系数与假设验证情况。由表6-14可见，除"合作意愿→竞争优势"外的各假设路径的显著性水平 P 值均小于0.001，即这些假设在显著性水平0.001上获得支持。而"合作意愿→竞争优势"的路径系数估计的 P 值都小于0.05，即在0.05的水平下显著。综上所述，该模型的各条路径在0.05的水平下都是显著的，即假设 H_1、H_2、H_3、H_4、H_5、H_6 和 H_7 获得了支持，并且从实际考虑各条路径合理存在。

表 6-14 最优模型的路径系数与假设验证

路径假设	标准路径系数	非标准路径系数	标准误	临界值	显著性概率	验证结果
合作意愿→网络关系强度	0.390	0.284	0.049	5.797	***	支持
合作意愿→组织学习	0.804	0.790	0.049	15.997	***	支持
网络关系强度→组织学习	0.166	0.225	0.061	3.664	***	支持
合作意愿→技术创新	0.379	0.394	0.083	4.761	***	支持
组织学习→技术创新	0.592	0.627	0.086	7.264	***	支持
技术创新→竞争优势	0.461	0.340	0.108	3.166	***	支持
合作意愿→竞争优势	0.298	0.229	0.111	2.055	0.040	支持
拟合指标	①绝对拟合度指标：$\chi^2 = 182.715$，df = 108，$\chi^2/df = 1.692$，GFI = 0.929，RMSEA = 0.050，AGFI = 0.900，PGFI = 0.655；②增值拟合度指标：NFI = 0.952，IFI = 0.980，CFI = 0.980，RFI = 0.939，TLI = 0.974，PNFI = 0.756，PCFI = 0.778；③精简拟合度指标：CAIC = 480.796，AIC = 272.715						

注：***表示显著性水平 $P < 0.001$。

6.4.6 模型解释

本研究的目的不仅是揭示潜在变量之间的路径关系，而且由于在自变量和中介变量之间、自变量和因变量之间及中介变量之间存在多条路径，也就是说变量之间的作用效果既包含两个变量之间的直接路径的作用，也包含通过其他变量间接作用，所以还应该通过模型中这些关系的路径系数来体现变量间的影响效果。变量间的影响效果包括直接效应、间接效应及总效应 3 个方面。直接效应指原因变量到结果变量的直接影响，用原因变量到结果变量的路径系数来衡量直接效应，直接效应为上述假设验证中的路径系数。间接效应指原因变量通过影响一个或者多个中介变量，对结果变量的间接影响。当只有一个中介变量时，间接效应的大小是两个路径系数的乘积。总效应等于直接效应加上间接效应，是由原因变量到结果变量总的影响。根据

表 6-15 中路径系数值，合作意愿到竞争优势的直接效应是 0.298，合作意愿到竞争优势的间接效应是 0.412，则合作意愿到竞争优势的总效应为 0.298+0.412=0.710，该数值见表 6-15 第一列的最后一行。这说明当其他条件不变时，"合作意愿"每提升 1 个单位，"竞争优势"总共将提升 0.710 个单位。

表 6-15 最优模型潜在变量间的效应关系（标准化）

效应		合作意愿	网络关系强度	组织学习	技术创新	竞争优势
网络关系强度	直接效应	0.390	0.000	0.000	0.000	0.000
	间接效应	0.000	0.000	0.000	0.000	0.000
	总效应	0.390	0.000	0.000	0.000	0.000
组织学习	直接效应	0.804	0.166	0.000	0.000	0.000
	间接效应	0.065	0.000	0.000	0.000	0.000
	总效应	0.869	0.166	0.000	0.000	0.000
技术创新	直接效应	0.379	0.000	0.592	0.000	0.000
	间接效应	0.515	0.099	0.000	0.000	0.000
	总效应	0.894	0.099	0.592	0.000	0.000
竞争优势	直接效应	0.298	0.000	0.000	0.461	0.000
	间接效应	0.412	0.045	0.273	0.000	0.000
	总效应	0.710	0.045	0.273	0.461	0.000

6.5 研究结论与意义

6.5.1 结论

本研究选取纺机产业集群企业作为实证对象，通过 277 份有效的调查问卷数据，运用结构方程模型的方法对经过文献整理与个案访谈构建的产业集群竞争优势理论模型中 5 个潜在变量相关关系进行了实证检验，验证得到研究整体模型如图 6-3 所示。

该研究结果首先验证了：1）在 0.001 显著性水平下：①合作意愿对网络关系强度有显著的正向影响；②合作意愿对组织学习有显著的正向影响；

第六章 合作意愿在网络组织成员获取竞争优势中作用的实证研究

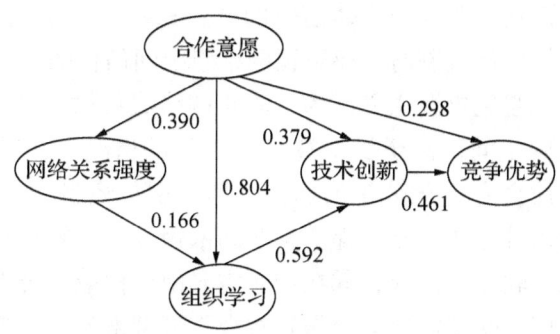

图 6-3 理论模型的验证结果

③网络关系强度对组织学习有显著的正向影响；④合作意愿对技术创新有显著的正向影响；⑤组织学习对技术创新有显著的正向影响；⑥技术创新对竞争优势有显著的正向影响。2）在 0.05 显著性水平下，合作意愿对竞争优势有显著的正向影响。

其次，从关系路径中可以看出，合作意愿可以通过直接路径也可以通过间接路径对竞争优势产生影响，其产生的直接效应为 0.298，间接效应为 0.412，总效应为 0.710。可见，合作意愿通过技术创新对产业集群竞争优势产生的影响大于不通过中介变量产生的直接正向影响。

6.5.2 实践意义

本研究的结论对于从合作意愿的角度获取产业集群竞争优势理论和实践具有重要的意义。由以上结论可知，由于其合作意愿提高所形成的规模经济产生的竞争优势是较弱的，而在企业集聚后通过相互学习，创造出新颖和特色产品等技术创新的深度合作带来的竞争优势将更有利于产业集群。竞争优势并不是简单地源于把区域内有合作意愿的相关企业集中起来所形成空间上的大量集聚；在此基础上通过结成紧密的合作竞争关系网络，共享公共资源降低成本，建立良好的知识和信息交流平台，发挥知识外溢效应，促使技术创新的出现，因此在成本、产品和技术等方面才能获取更大的核心竞争力。总之，提高产业集群企业合作意愿对于产业集群内企业获取竞争优势具有十分重要的意义。

这里也验证了，网络结构下的产业集群若能提高历史信任感知、联盟需求和收益预期来加强合作意愿，将能更好地提升其竞争优势。这就希望：

①集群企业要认识到产业集群集体信任的产生和发生作用是一个动态过程。在建立产业集群的信任机制时，要重视网络组织间信任的长期性、持久性和广泛性。在合作中避免机会主义行为，防止网络成员做出"集体制裁"，从而缩小未来的发展空间，甚至发生被"孤立"的情况。②随着产业集群规模的日益扩大和社会专业化分工的加强，通过引导资源互补，推进产业融合，延伸产业链条等方法，必然提高企业间依赖程度，则有利于不断挖掘与其他企业结成战略联盟的需求；③在产业集群中寻找最佳合作伙伴，力求达到理想的合作预期。这就需要充分做好对合作可带来收益的事前分析，具体分析时要注意到该预期不仅要包括经济上收益的增加，而且还要计算合作成本的降低和合作复杂性与不确定性的减小带来的益处。本研究认为通过以上3个方面的措施可有效地提高产业集群企业的合作意愿，这对于网络关系强度、组织学习和技术创新都是有利的，它们也必将为最终获取竞争优势发挥重要的作用。

在实践中，我们也深刻体会到，虽然近年我国产业集群快速发展，其中一些产业集群在地理空间上具有集聚的优势，但是它们不注重合作，或者只是简单地合作，不仅没有实现资源共享和产业融合，更没有很好地利用其竞合关系提升产业集群的凝聚力和竞争力，进而组织学习开展不畅，所形成的产业集群大而不强，没有实现产业集群聚集的本意。因此，发展产业集群的当务之急，是通过调整集群内部关系，尽快培育围绕关键企业和龙头企业的配套服务网络，发动关联性和互补性的集群企业积极整合资源，在互助合作中不断学习以提高产业集群技术创新能力。这才是摆脱产业集群发展困境，实现产业集群企业持久竞争优势的根本出路。

第七章　网络能力对企业技术创新影响的实证研究

　　近年来，随着全球一体化进程的推进，企业经营环境从地区性、单一性急剧扩展到全球性、区域性，进而引发了企业对其存在价值、边界、竞争战略及社会责任等问题的重新思考。与 20 世纪中叶的传统业务垂直或水平职能集成相比较，许多知名企业把一些制造、技术开发和服务的职能外包出去，只专注发展自身优势环节，以此缩短产品生产周期，降低生产成本。与此同时，这些企业还向合作伙伴传授新生产技术，甚至帮助这些厂家提高其产品的质量，达到共赢的目的。这种职能外包的结果导致企业间的相互联系越来越紧密，甚至出现了成千上万家企业围绕着一个产品进行设计、制造和分销的情况，如闻名世界的苹果公司。随着企业间的这种联系越来越普遍，对于企业竞争力的认识也由原来的强调内在能力转移到企业技术创新获得竞争优势等方面上来。企业已经从只关心自身的利益向关注企业存在的社会、生态、环境价值，从只关心企业拥有的经济利益向关心所有利益相关者的全方位利益，从注重整合资源、追求效率、经济性向挖掘潜力、协作创新、塑造"不可复制的优势"转变。因此，对于现代企业来说，不管是扩大自己的规模，还是占领新市场，企业发展的关键问题就是，如何与其他企业相互协调，建立适当的网络关系，将优势资源集中起来，为消费者创造新价值。

　　另外，随着消费者需求的个性化、多样化发展，技术创新加快、产品研究开发的难度加大，特别是那些大型、结构复杂、技术含量高的产品在研制中一般都需要各种先进的设计技术、制造技术、质量保证技术等，不仅涉及的学科多，而且大都是多学科交叉的产物。这些因素导致创新产品商业化的不确定性增加，技术开发与生产成本的加大及技术之间的渗透性加强。因此，许多学者都认为，价值链上各个企业之间的关系对价值链上各公司的成败影响重大，成功者常常是那些能有效而且成功发展企业内外关系的公司。事实上，对于身处某一企业网络的企业来说，其表现不再是自己所能决定了的，很大程度上是由其所处企业网络的结构和特征所驱动。综上所述，为了实现企业的技术创新,为了更好地为顾客创造价值,一个企业在注重自己的核心业务培养的同时,与其相关的竞争对手、合作伙伴、同盟者或标准制定者建立适当的网络关系。因此,有必要探究网络关系通过企业知识的获取,对企业技术创新的影响[277]。也只有正确、全面地认识和把握与其他相关企业的网络关系,企业才能有效、逐步地与其他企业配合,发挥企业的网络知识的能力,并确保这些伙伴企业做出补充性的技术贡献[278]。

当前市场环境的不确定性日益增加,对于处于网络范式中的企业来说,单纯依靠内部知识已无法满足企业发展的需要,外部知识对企业的成长越来越重要。加强企业技术创新过程中的合作是维持企业技术创新产出效益的重要举措之一,而产业发展趋势的多样化为技术创新提供了丰富的信息。网络能力是企业构建合作网络的重要工具,技术信息的获取与企业所拥有的网络能力高度相关[279]。较强的网络能力可以使网络成员之间的交流变得更为频繁,进而使网络中的知识和信息资源进行交换,帮助企业高效率的获取促进企业创新的各种资源[280]。以往文献对网络能力的概念及划分维度进行了深入的研究,那么,企业应该如何获取外部知识资源?网络能力又会对企业技术创新产生什么样的影响?这些问题都有待解决。基于此,本研究将以山西省150家企业为样本,通过构建网络能力、知识获取和企业技术创新三者之间的关系模型,探索网络能力、知识获取对技术创新的作用机制,为企业通过外部网络关系实现技术创新提供有益借鉴。

7.1 研究假设

理论上,无论是20世纪60年代以安索夫为代表的古典企业战略理论、20世纪80年代初以迈克尔·波特为代表的竞争战略理论、20世纪90年代以普拉哈拉得和哈默为代表的核心能力理论,还是以泰勒、法约尔和韦伯为代表的古典组织理论和以梅奥等为代表的新古典组织理论,都难以指导网络环境中企业的实践。因为传统管理理论把公司作为"独立、自治的实体"或"以企业利润为中心"。即从单体企业出发研究公司战略和管理方式,它们在强调自身生存和发展权利的同时,却无视企业利益相关群体的整体利益和网络的共同发展和繁荣。近年来,虽然有些学者开始研究管理企业间关系的经营挑战,如供应链管理、战略联盟、虚拟组织等理论,但是它们通常集中在双边关系或至多在小规模组织群之间的关系上,如制造商和供应商之间、用户和制造商之间或者设计者和制造商之间的关系。尚未见到从企业网络关系对知识获取及企业技术创新影响的研究成果。面对日益复杂的经营环境所带来的企业的挑战和现有战略、组织理论的缺陷，我们需要将企业置身于企业网络中建立理论模型及假设，借助前人已有研究结论，为实证分析提供一些理论依据。

7.1.1 相关理论基础

（1）网络能力

网络能力概念的提出源于企业日益网络化的生存环境，强调企业通过发展和运用网络和网络关系来更有效地获取资源和创造价值，是企业提升网络综合地位、处理特定关系并提升企业竞争优势的一种动态能力。另一种认识是，网络能力是提升企业在网络中的地位及处理与其他网络成员关系的能力，而管理过程学派的观点认为网络能力可以从3个方面解释：识别网络中的价值和机会、塑造和改善企业的网络位置、协调和利用网络关系，进而获取网络资源和促进网络演变的一种动态能力[281]。

网络能力一词最早是由 Hakansson[282] 提出的，认为是企业为了提高自身在网络关系中的地位而具有的处理某种特定网络关系的能力。Ritter[283] 在此基础上对网络能力的定义进行了改善，将其界定为企业通过开发利用自身的外部网络关系从而形成的具有竞争优势的能力，并且从任务执行和资质条件两方面对其进行了划分，这是首次关于网络能力维度的研究。国内关于网络能力的研究主要集中于研究其是一种动态能力，典型的是学者徐金发，他认为网络能力是企业管理和发展其外部网络关系的一种动态能力，并从战略、过程和关系3个方面对网络能力进行了划分[284]。邢小强、全允桓和任胜钢等学者在此基础上对网络能力进行了更加细致的研究，认为网络能力是企业在自身内部资源的基础上，通过识别有价值的网络关系，构建新的网络结构，开发利用不同层次的网络关系以获取企业外部稀缺资源的动态能力[285-286]。

对于网络能力的内涵和维度，学者们根据自己研究需要给出不同的界定和维度划分，例如，Ritter 等认为网络能力是由企业发起、维持、运用关系网络获取竞争优势的能力，并从微观视角将其划分为任务执行和资格条件两个维度。朱秀梅等指出网络能力是在网络导向驱动下利用一定关系技巧和合作技巧进行的一系列网络构建和网络管理活动的能力，包括网络导向、网络构建和网络管理3个维度[287]。

Moller K. 和 Svahn S. （2006）从网络管理和处理网络合作关系展开研究，将网络能力划分为网络愿景能力、网络协调管理能力、关系组合管理能力和关系管理能力4种[288]。Hagedoorn（2006）提出了两种重要的网络能力：基于中心的网络能力和基于效率的网络能力。基于中心的网络能力强调改善企业在网络中的战略位置，而基于效率的网络能力强调迅速、成功地寻找到企业所需的合作伙伴[289]。基于结构洞理论，王海花和谢富纪将企业外部知识网络划分为网络构想能力、网络构建能力、网络利用能力、网络结构能力和网络重构能力5个维度，开发设计了相应的测量量表[290]。企业之间错综复杂的合作交互关系构成了企业的外部创新网络，而企业网络能力的本质是协调构建处理外部网络合作关系的能力，根本目的是占据优势网络位置，获取更多知识、信息等网络资源。这种能力可以归为两类，即企业利用已有合作伙伴或者开拓新的合作伙伴，来维持"创造"拓展和修正实现战略目标所需资源基础的能力。

以邢小强和仝允桓（2006）[285]、方刚（2011）[291]、范钧（2011，2014）[292-293]等学者的研究为基础，本文将网络能力定义为企业通过识别外部网络价值与机会，发展、维护、管理与利用各层次网络关系，以识别、获取网络中知识等稀缺资源，并引导网络变化的动态能力，并从战略、资源和关系层次将其划分为网络构建能力、网络管理能力和网络利用能力3个维度。其中，网络构建能力是通过寻找新的合作伙伴和建立合适的网络关系以获得更高组织效率的能力；网络利用能力是利用已有的外部网络关系，通过对现有资源、知识、信息的提炼和复制以获取企业所需的资源基础的能力；网络管理能力能帮助企业处理和协调外部网络关系中的直接和非直接合作伙伴联系[294]。

（2）知识获取

基于知识管理理论，知识获取指企业组织或员工从外部环境中获取新知识的过程，知识获取对企业创新具有重要作用，企业利用外部网络获取知识的目的之一是推动创新实践，提升创新绩效。在当前知识和信息呈爆炸式发展态势下，企业所拥有的知识储备为其进行技术创新奠定了基础。知识获取是企业发展的必要环节，目标是实现知识的有效供给。最早开始探索知识获取的是Arrow，他从经济角度出发将知识获取限定为对经验产品的学习上，旨在建立知识变迁的内生化理论，虽然范围比较狭小，但是依然开创了知识获取研究领域的先河[295]。Christine在此基础上对知识获取进行了更加深入的研究,认为知识获取是本企业通过与其他企业、组织机构进行交流,所获得的相关技术、经验、信息等资源[296]。Norman通过实证研究,将知识获取界定为战略联盟中的企业通过与联盟其他成员之间的合作、交流、互动所取得的技能、经验等关键资源[297]。

知识获取的途径多种多样,研究开发被视为最重要的内部技术知识获取模式,外购实物资产嵌入的技术、研发合作(包括短期的合作和长期的技术联盟)、技术许可或购买(专利、诀窍)、研发外包等外包知识获取模式也受到广泛关注。大部分实证研究分析了不同的知识获取模式对企业技术能力的直接影响[298]。国内学者关于知识获取的研究侧重于将知识获取界定为企业通过与外部组织之间的交流与合作,进而对所需知识的获得与吸收的动态过程[299],并将其分为内部知识获取和外部知识获取[300]。随着全球化动态竞争的加剧,企业单纯依靠内部知识已经难以满足企业创新的需求,企业外部存在的丰富的知识资源与自身的知识储备构成了明显的互补,可以降低企业创新过程中出现的高风险和不确定性,因此越来越多的企业开始重视外部知识的获取对企业技术创新的作用。基于此,本研究将重点研究企业从外部组织之间的知识获取。

(3)技术创新

技术创新在促进国家经济发展中发挥着重要的作用,是增强企业竞争力的根本手段[301-303]。Schumpeter(熊彼特)(2012)[304]首次提出技术创新一词,Peter F. Drucker(彼得·德鲁克)(1989)在其著作中指出技术创新是可以构思出资源创造财富的新方式行为[305]。国内学者王秋菊(2011)认为技术创新是企业通过技术手段创造新的经济价值的一种商业活动,是技术商业化应用的表现[306]。栗进、宋正刚(2014)指出企业的技术创新是企业通过构建创新思想,将创新知识应用于企业生产研发各环节的活动过程[307]。从国内外关于技术创新的研究可以发现,技术创新不仅是技术与经济有效结合的过程,同时也是一个涉及各种组织的活动过程,它不仅包括企业自身,也与外部的市场环境密切相关。

7.1.2 网络能力与技术创新

网络能力是企业有效管理自身外部网络的一种动态能力,可以帮助企业利用网络中各个层面的关系获取所需的资源,促进企业创新能力的提升。以企业的网络能力与技术能力为例,二者具有较为明显的互补性,网络能力可以为技术能力的发展提供外部技术平台，整合外部技术资源，同时，技术能力也为提升网络关系任务执行或关系管理活动等的效率提供技术上的支持。著名经济学家 Ritter（1999）认为网络能力是增强企业技术创新的最佳方式，可以在当今市场竞争激烈的环境下减少不利因素冲击企业网络环境的程度，提升企业的创新绩效[283]。他还认为，网络能力专业资质在一定程度上反映了技术能力的内容；同时网络任务执行也有利于企业的市场开发和技术引进等活动，从而也体现了技术创新能力的内涵。所以，从企业能力的关联互补性来说，网络能力也会对企业的技术创新绩效产生一定的影响。国内学者马刚（2005）通过提取样本进行实证研究，发现企业网络能力会直接影响技术创新，并且会通过对技术创新能力的作用对集群企业的竞争优势产生影响[308]。根据对以往文献的分析，本研究将网络能力划分为网络构建能力、网络管理能力和网络利用能力3个方面。拥有较强的网络构建能力可以帮助企业及时发现网络环境中潜在的市场机遇，准确挖掘市场潜力，弥补市场存在的空缺，保证企业创新活动与市场的高度吻合，从而提高企业的创新绩效。网络管理能力是企业处理与合作者或其他组织之间网络关系的一种能力，通过对企业网络关系的有效管理，可以加强企业与外部组织的交流与合作，帮助企业选择合适的合作伙伴，助推企业发展，促进企业创新。网络利用能力是企业以自身构建的社会网络为基础，利用网络关系获取发展所需知识等资源的能力。网络利用能力关系到企业创新资源的整合及企业与外部组织之间相互协调与合作的创新效率，是企业技术创新的关键。网络能力3个维度对技术创新的影响各不相同，只有分别讨论网络能力3个维度对技术创新的影响，才能真正了解网络能力会对技术创新产生什么效果。基于上述理论分析，提出如下假设：

H1a：网络构建能力对企业技术创新具有显著正向作用；

H1b：网络管理能力对企业技术创新具有显著正向作用；

H1c：网络利用能力对企业技术创新具有显著正向作用。

7.1.3 网络能力与知识获取

网络能力是企业通过对外部网络环境进行战略定位，识别存在的价值和机会，帮助企业构建网络合作关系的动态能力。知识获取是一种社会性的活动，通过发现外部环境中孕育的合作机会，在短期内收集有助于企业发展的各种知识资源。对外界环境中的合作机会具有敏锐洞察力的企业，往往会比竞争对手更快、更容易聚集到必要的知识资源。网络构建能力是通过资源共享、权益共赢等方式帮助企业建立起与潜在合作伙伴之间的关系网络，为企业获取知识提供了平台。合作伙伴的能力决定了网络中知识等资源的构成情况，关系到企业知识获取的程度。企业可以通过网络关系拓宽其获取知识的渠道，但是获得的知识不一定是全面的或者可以促进企业发展的，因此需要企业本身所具有的网络管理能力进行筛选和判断。网络管理能力可以对企业潜在的合作伙伴进行评估分析，帮助企业筛选出具有高价值的合作主体，从而促进企业知识的高效获取。Capaldo（2005）通过研究表明，社会网络关系的强弱直接影响企业获取知识的质量，网络利用能力强的企业能根据对不同知识需求的程度，选择相匹配的合作关系，通过双方的互动提高知识转移的效率[309]。基于上述理论分析，提出如下假设：

H2a：网络构建能力对知识获取具有显著正向作用；

H2b：网络管理能力对知识获取具有显著正向作用；

H2c：网络利用能力对知识获取具有显著正向作用。

7.1.4 知识获取与企业技术创新

在当今激烈的社会竞争中，知识成为企业取胜的核心。技术创新的本质是知识的重新组合，企业要想在激烈的市场竞争中提高自身的创新能力，不仅需要合理利用自身的知识储备，也需要从外界获取新的知识资源。Tsai K. H.、Wang J. C.（2009）认为，企业如果具有从内部及外部获取知识的能力，可以减少市场环境对企业造成的不利影响，有利于企业的技术创新[310]。朱秀梅（2010）通过对集群企业显性知识获取的研究，认为集群企业通过参与会议及从电视、报纸等新闻媒介上获取相关的显性知识，企业员工在吸收这些知识的基础上可以激发出创新思想，并将新的思想运用在产品的创新过程中，提高企业的创新绩效[287]。陈劲和吴波（2012）通过研究企业与竞争对手、政府部门、大学及供应商等合作方，以合作的形式从不同的外部组织中获取企业发展所需的知识资源，对企业技术创新绩效具有显著的正向影响[311]。魏智卿、王伟（2013）从资源观理论入手分析了外部知识获取、互补性资产及技术创新三者之间的关系，研究表明外部知识获取对企业技术创新具有正向影响[312]。基于上述理论分析，提出如下假设：

H3：知识获取对企业技术创新具有显著正向作用。

根据上述对网络能力及知识获取的理论分析与研究假设，本研究构建了网络能力对企业技术创新影响的理论模型，如图 7-1 所示。

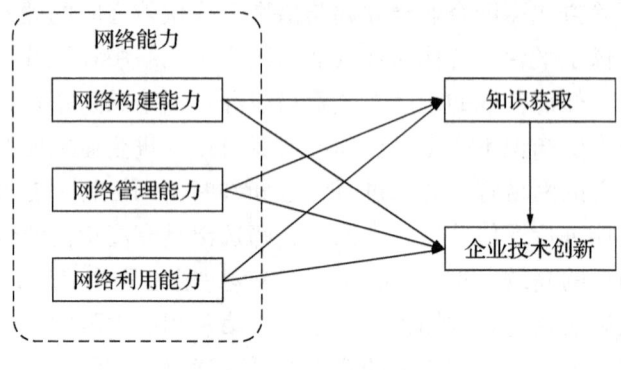

图 7-1　理论模型

7.2　研究设计

7.2.1　数据收集

本研究从问卷的预调研、专家对问卷的修正到正式调研结束，共经历 7 个月的时间。调研方式有两种：①根据企业黄页，通过电子邮件或者邮寄纸质问卷的方式发放问卷；②调查成员约见企业中高层管理者，上门发放问卷，现场填答和回收。以山西省 150 家企业作为研究对象，通过问卷调查的方式进行数据收集，共发放问卷 235 份，实际收回 201 份，删除无效问卷后有效问卷为 178 份，有效率为 88.6%。其中，企业类别以服务型行业和生产型行业为主；从企业性质看，民营企业占 68.5%；就企业经营年限而言，10 年以上企业占 62.38%。

7.2.2　变量测量

为确保测量工具的效度与信度，以现有相关文献中的量表为基础，结合具体的研究内容进行了相应的修改，在问卷正式定稿与调查前，先对部分专家与企业界人士进行问卷的预调查，以评估问卷设计及用词上的准确性，再根据本文的目的及预试者提供的意见加以适当修改。在问卷设计方面，采用 Likert 5 点量表法进行打分。

（1）网络能力

主要参考 Moller 和 Halinen（1990）[313]、邢小强和仝允恒（2006）[285] 等

人的测量方法,从网络构建能力、网络管理能力和网络利用能力3个方面设置问题,具体包括企业重视与合作方的联系、企业与合作方建立良好的信任机制、企业可以对获取的知识进行有效利用等15个题项。

（2）知识获取

主要参考对知识获取的测量方法[314],形成4个题项：企业从外部网络中获取市场发展相关信息、获取新产品及服务开发信息、获取企业营销信息、获取竞争对手相关信息。

（3）企业技术创新

关于技术创新有不同的测度方法,本研究主要从产品、技术和销售额3个指标对技术创新进行测度,包括3个题项：企业研制新产品数量增多、企业经常对技术进行改进和创新、创新产品销售额在总销售额中占有比重。

7.3 研究结果

7.3.1 信度和效度分析

本研究运用SPSS 21.0统计工具对模型中的变量进行了分析,采用Cronbach's α系数对变量进行信度分析,当Cronbach's α系数都大于0.7时,表示量表的信度更好。运用KMO样本充分性测度和Bartlett球形度检验判断数据是否适合进行因子分析,当因子载荷高于0.5时,表明量表的效度符合要求。

从表7-1中可以看出,网络构建能力、网络管理能力、网络利用能力、知识获取和企业技术创新各变量的Cronbach's α系数分别为0.867、0.914、0.843、0.793和0.832,均大于基本要求的0.7,说明量表的整体信度较高,具有较好的内部一致性。通过探索性因子分析,各个因子的因子载荷系数在0.7~0.9,均大于0.5,表明各变量的效度检验达到了统计要求,结构效度较好。

表7-1 各变量分析结果

变量名称	题项	因子载荷	Cronbach's α系数
网络构建能力	寻求合作机会	0.854	0.867
	利用关系资源	0.796	
	利用中介	0.752	
	建立合作制度	0.843	
	建立争端解决机制	0.716	

续表

变量名称	题项	因子载荷	Cronbach's α 系数
网络管理能力	鼓励员工交流	0.812	0.914
	定期会晤	0.755	
	资源交换	0.802	
	协商矛盾	0.784	
	建立信任	0.707	
网络利用能力	沟通协作	0.831	0.843
	资源共享	0.853	
	信息交流	0.765	
	技术合作	0.734	
	信息利用	0.748	
知识获取	市场开发信息	0.775	0.793
	新产品信息	0.792	
	企业营销信息	0.764	
	竞争者信息	0.832	
企业技术创新	新产品数量	0.719	0.832
	技术改进创新	0.829	
	创新产品销售额	0.813	

为了检验网络能力、知识获取和技术创新3个变量之间的相关关系，本研究采用 Pearson 积差相关法进行分析。通过 SPSS 检验得到的结果如7-2所示，网络构建能力和网络利用能力与企业技术创新在0.01的显著水平上呈正相关，相关系数分别为0.630和0.756，假设H1a和假设H1c得到了初步验证；而网络管理能力与企业技术创新的相关系数为0.248，不显著，假设H1b没有得到验证。网络构建能力、网络管理能力、网络利用能力与知识获取在0.01的显著水平上存在正相关关系，假设H2a、假设H2b和假设H2c得到了初步验证。知识获取与企业技术创新的相关系数为0.694，在0.01的显著水平上显著，验证了假设H3的观点。

表 7-2　各变量相关性分析结果

变量	网络构建能力	网络管理能力	网络利用能力	知识获取	企业技术创新
网络构建能力	1				
网络管理能力	0.776**	1			
网络利用能力	0.770**	0.801**	1		
知识获取	0.744**	0.747**	0.793**	1	
企业技术创新	0.630**	0.248	0.756**	0.694**	1

注：**表示在0.01水平（双侧）上显著相关。

7.3.2　假设检验与分析

根据上述分析，建立网络能力、知识获取和企业技术创新三者之间的结构方程模型，运用 AMOS 21.0 软件对其进行参数估计，通过对假设模型的验证分析，得到模型路径系数如图 7-2 所示。在初始模型中，"网络管理能力→企业技术创新"这一路径没有达到拟合要求，删除该路径后所获得的修正模型拟合良好。

表 7-3 结果显示，通过修正后的模型的 χ^2 值为 323.872，χ^2/df 为 1.595，在小于 2 的参考范围之内；RMSEA、NFI、CFI、GFI、RFI 的值也在规定范围内，说明整体拟合效果较好。通过对模型及数据的验证分析，得到了表 7-4 所示的修正模型的分析结果，除去假设 H1b，其他假设全部成立，说明修正后的结构方程模型拟合程度较好，网络能力、知识获取对企业技术创新作用机制的结构方程模型最终确立，整体模型路径关系如图 7-3 所示。

表 7-3　模型拟合指数

拟合指标	χ^2	χ^2/df	P	RMSEA	NFI	CFI	GFI	RFI
拟合值	323.872	1.595	0	0.061	0.912	0.927	0.951	0.923
参考范围	>0	<2	<0.1	<0.08	>0.9	>0.9	>0.9	>0.9

表 7-4　修正模型分析结果

假设路径	路径系数	P 值	假设	检验结果
企业技术创新←网络构建能力	0.184	0.002	H1a	成立
企业技术创新←网络管理能力	-0.353	—	H1b	不成立
企业技术创新←网络利用能力	0.592	0.000	H1c	成立
知识获取←网络构建能力	0.321	0.000	H2a	成立
知识获取←网络管理能力	0.346	0.000	H2b	成立
知识获取←网络利用能力	0.632	0.000	H2c	成立
企业技术创新←知识获取	0.264	0.001	H3	成立

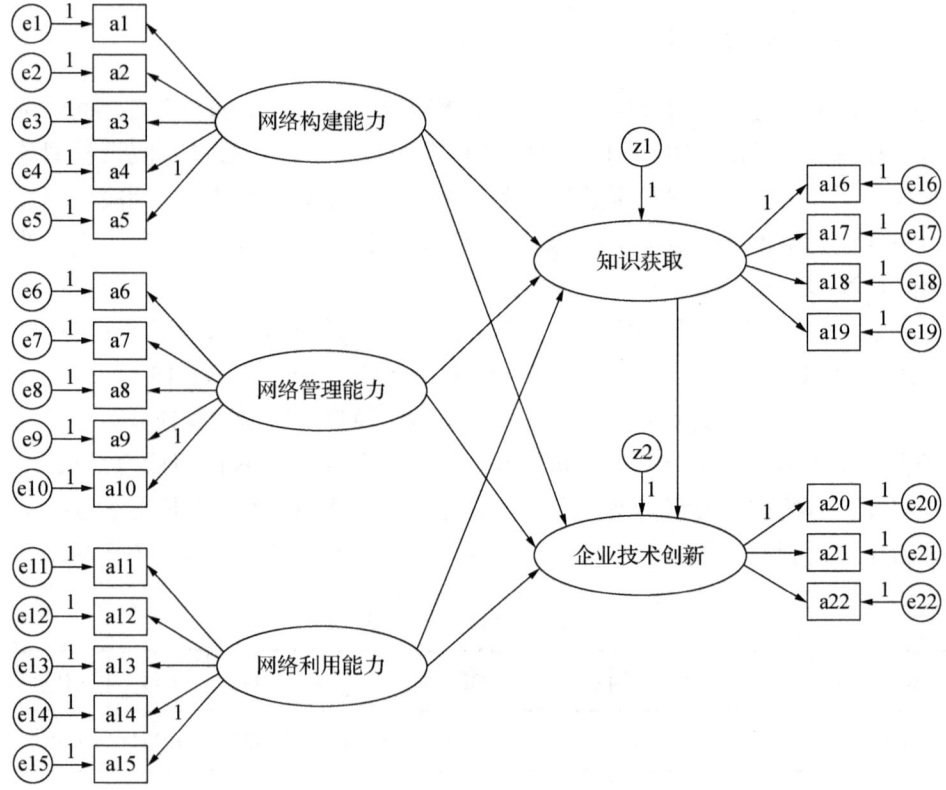

图 7-2　结构方程模型

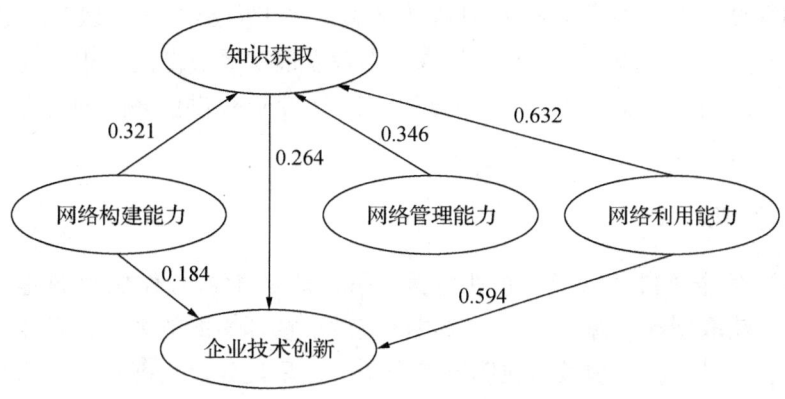

图 7-3　理论模型验证结果

7.4　结论与启示

7.4.1　结论

本研究以山西省 150 家企业数据为基础，通过文献整理、模型分析对网络能力、知识获取对企业技术创新的影响机制进行了分析和论证，总结出如下结论，并提出了研究中存在的不足。

（1）网络能力三维度对知识获取均具有显著的正向影响。通过网络构建能力企业可以明确合作的目标和对象，利用目标主体的信息与知识，分析企业所处的外部环境及企业自身所需的资源情况，选取对企业发展有关键性的知识主体。企业通过管理自身的网络关系建立起与各知识主体之间的联系，保证双方在合作过程中保持持续的沟通与互动，进而获取自己所需的知识资源。

（2）网络构建能力对企业技术创新具有显著的正向影响；网络利用能力对企业技术创新具有显著的正向影响。网络管理能力对企业技术创新具有正向影响的假设不成立。网络能力作为企业管理自身外部网络环境的动态能力，其强弱程度直接关系到企业与合作伙伴之间的关系。企业拥有较强的网络构建和利用能力可以帮助企业准确识别市场环境中存在的创新信息，使得企业与外部主体在合作交流过程中建立较高的信任度，加速企业知识获取的进程，推动企业创新发展。

(3) 知识获取对企业技术创新具有显著的正向影响。知识获取是企业通过与外部主体之间的交流与合作取得企业发展所需资源的过程，高效的知识获取可以激发企业内部员工的创新灵感，为企业提供更多的创新思路，从而促进创新升级。

7.4.2 管理启示

（1）从企业自身来说，企业应该重视组织的学习合作能力的建设，通过从外界获取创新资源，提高自身灵活应对市场环境的能力。在当今互联网快速发展的时代，知识散布在网络各个角落，呈现碎片化态势，知识和信息的超载使得企业的发展越来越需要借助外界的力量。这种形势下，企业必须具备良好的网络能力，合理利用新的知识信息资源，促进企业创新发展，维持企业的竞争优势。

（2）从政府角度出发，首先，政府部门可以出台相关的支持政策，为企业与其他主体之间进行合作提供良好的政策环境，增加企业参与知识网络的机会和实践经验，促进企业的发展。其次，政府可以引导相关行业构建专业的合作网站等，开展知识技术交流活动，利用网络优势促进各参与主体之间的交流与合作，以最低的成本实现利益主体的互利共赢。

（3）从地方角度来说，由于我国市场发展机制和法律体系等方面的约束，山西省企业集群发展比较落后，没有形成大规模的集群企业，而企业集群对于追求创新发展的企业来说意义非凡，因此山西应该以现有的煤炭钢铁等资源优势积极发展集群企业。集群中的企业可以减少由于寻求合作伙伴而产生成本浪费，并且可以在短时间内获取高质量的知识信息资源及与合作方持久稳定的关系，帮助企业快速成长。

第八章 总结与展望

本书基于合作竞争的视角，从研究网络组织演化路径和时间的复杂性出发，在探寻网络组织形成、发展和壮大过程中的动力机制方面做了一些工作，现总结如下。

8.1 总结

本研究主要工作和贡献概括如下。

（1）基于合作竞争思想，本研究首先构建了一个二维竞合战略框架，该框架不仅表示了合作竞争共存的各种状态，而且以竞合均衡为界确定了合作主导型竞合和竞争主导型竞合两种战略，为本研究奠定了研究基础。

（2）对于难以定量描述的网络组织演化复杂过程，通过构造基于合作和竞争的组织演化势能模型，应用尖顶突变理论分析了网络组织演化的途径及其复杂性特征；在此基础上构建了网络组织运行轨道模型，分析了网络组织在时间上的复杂性，得到下面的结论：①网络组织演化过程可分为渐变和突变两种类型，并在演化途径上表现出了双模态、不可达性、发散性、突跳、滞后性和多径性等复杂性特征。②通过定性的分析网络组织演化时间，比较了长周期和短周期运行轨迹和条件，说明在网络组织演化时间复杂性背后，加强合作有利于延长网络组织寿命，而短周期网络组织的存在也正体现了网络组织灵活敏捷的特性。当前，面对复杂多变的环境，网络组织演化的复杂性是自组织和他组织共同作用的结果。基于此，本研究重新界定了网络组织为一种由多个独立实体（该实体具有主动性和适应性）在竞合共同作用下组成的具有网络结构和复杂演化特征的组织系统。

（3）根据生态种群理论，引入合作和竞争因素构建了网络组织演化的动力学模型。从稳定性理论角度结合软件模拟，研究了在不同的合作和竞争关系下网络组织演化的具体情况。研究表明，合作竞争与网络组织形成的动力；网络组织的演化趋势还与资源限制下成员的最大规模有关。因此，要形成网络组织需加强网络组织中成员的有效合作或者减少不利竞争，为达到共同发展选择最佳途径，最终实现共赢；要发挥网络组织的群体优势，成员间要资源互补，充分、有效地利用资源，使得有限资源下的网络组织成员获得更大的发展。

（4）利用 NetLogo 平台建立的复杂适应系统模型，仿真模拟了网络组织成员在简单规则下的交往过程，得到了竞合战略形成过程中的"涌现"现象所呈现的规律：①当主体可以从合作者那里获取一定收益，而采取合作所付出的成本不可忽略时，竞争战略主导整个组织。②当合作成本足够小时，主体更趋向于进行合作。③通过调节环境变量，引入促进合作的政策，可以引导主体从竞争走向合作。该模型仿真的结果不仅很好地反映了竞争主导型战略和合作主导型战略的产生过程，更为重要的是根据"涌现"现象机制，提出了由历史信息、认知能力和环境共同作用的合作意愿调整网络组织成员竞合发展战略。

（5）在研究网络组织如何获得竞争优势时，重点关注产业集群企业的合作意愿，即与其他企业合作所得的偏好，在其获得竞争优势中的作用。首先，构建了以合作意愿为出发点的网络组织成员获取竞争优势的理论模型。利用结构方程模型方法对该模型进行了实证研究。研究结果不仅表明，合作意愿的提高有利于增强网络关系，推动组织学习，促进技术创新，获取竞争优势，更为重要的是说明了在合作意愿的多条作用途径中，通过中介变量更有益于获取竞争优势。综上所述，本章提出发挥网络组织成员主观能动性从提高历史信任感知、联盟需求和收益预期来加强合作意愿，利用有效的中间环节，将能更好地提升其竞争优势。

（6）以山西省 150 家企业数据为基础，通过构建结构方程模型对网络能力、知识获取对企业技术创新的影响机制进行了实证分析，结果表明：网络能力三维度对知识获取均有显著正向影响；知识获取对企业技术创新具有显著的正向影响。网络能力中的网络构建能力和网络利用能力对企业技术创新具有显著正向影响，可以帮助企业准确识别市场环境中存在的创新信息，使得企业与外部主体在合作交流过程中建立较高的信任度，加速企业知识获取的进程，推动企业创新发展。

8.2 展望

本书在写作过程中，试图以竞合理论对网络组织演化过程中的复杂性、它的形成条件、发展战略选择和获取竞争优势的途径等问题进行深入、系统的分析，但从研究结果看，对上述问题的研究还不够深入，有待于做进一步的研究。

（1）网络组织演化是一项非常复杂的系统工程。按照复杂系统演化论观点，应该从复杂性方面考察它的演化过程和原因。这个过程包括起源、发展、渐进或突变、消亡或跃迁等，是网络组织随时间变化的全部活动轨迹。而本书仅关注了在竞合作用下网络组织演化的复杂性和形成、发展与壮大进程中的动力机制问题，竞合在其他演化过程中作用机制将是后续研究的重要内容。

（2）在对网络组织成员竞争战略选择的仿真模型设计上，仅仅通过几条简单规则来模拟网络组织成员对竞合战略选择过程有以偏概全之嫌。虽然该模型反映出了一些基本规律，但我们能否用一个更为全面的、准确的规则体系来反映现实，以便在网络组织成员确定竞合战略时更具有可操作性和有效性。而且分析中对其他影响因素考虑不多，这也将是以后研究中应予以充分考虑的。

总之，尽管笔者在书稿的构思和写作过程中做了最大努力，但由于自身水平和能力有限，本书的研究只能说是探讨性的，无论在观点上或是行文上，都存在许多不足之处，有待于在后续研究中不断深入和完善。

参考文献

[1] 张爱玲. 企业进入战略联盟时代 [J]. 中外管理, 1999 (2): 25-26.

[2] Roberts E B. Benchmarking the strategic management of technology [J]. Research Technology Management, 1995, 38 (1): 44-56.

[3] Turpin T, Garett Jone S, Rankin N. Bricoleurs and boundary riders: managing basic research and innovation knowledge networks [M]. R&D Management, 1996.

[4] Ryeroft W R, Kash D E. Steering complex innovation [J]. Research Technology Management, 2000: 18-23.

[5] 李培林, 梁栋. 网络化: 企业组织变化的新趋势 [J]. 社会学研究, 2003 (2): 43-53.

[6] F·赫塞尔本. 未来的组织 [M]. 成都: 四川人民出版社, 2000.

[7] 国家自然科学基金委管理科学部. 管理科学"十五"优先资助领域论证报告. [2017-1-4]. http://www.amss.ac.cn/managesci/glkx-105content/glkx-105-p3-1-2.html.

[8] Bengtsson M, Kock S. "Coopetition" in business networks to cooperate and compete simultaneously [J]. Industrial Marketing Management, 2000, 29 (5): 411-426.

[9] 彭正银, 何晓峥. 企业网络组织协同竞争的理论与效应解析 [J]. 现代财经(天津财经大学学报), 2007, 27 (1): 41-45.

[10] 林润辉. 网络组织与企业高成长 [M]. 天津: 南开大学出版社, 2004.

[11] Sailer L D. Structural equivalence: meaning and definition, computation and application [J]. Social Networks, 1978, 1 (1): 73-90.

[12] Miles R O, Snow C C. Organization: new concept for new firm [J]. California Management Review, 1986, 28 (3): 62-73.

[13] Jarillo J C. On strategic network [J]. Strategic Management Journal, 1988, 9 (1): 31-34.

[14] Dennis Maillatetal. Innovation networks and territorial dynamics: a tentative typology [J]. Strategic Management Journal, 1993 (6): 82-93.

[15] Preiss K, Goldman S L, Nagel R N. Cooperate to compete [M]. New York: Van Nostrand Reinhold, 1998.

[16] Butera F. Adapting the pattern of universityorganization to the needs of the knowledge economy [J]. European Journal of Education, 2000, 35 (4): 403-419.

[17] 林润辉, 李维安. 网络组织: 更具环境适应能力的新型组织模式 [J]. 南开管理评论, 2000, 3 (3): 4-7.

[18] 孙国强. 网络组织的内涵、特征与构成要素 [J]. 南开管理评论, 2001, 4 (4): 38-40.

[19] 綦振法, 徐福缘. 基于信息技术的网络组织研究 [J]. 华东经济管理, 2002, 16 (3): 83-86.

[20] Spekman R E, Forbes T M, Isabella L A, et al. Alliance management: A view from the past and a look to the future [J]. Journal of Management Studies, 1998, 35 (6): 747-772.

[21] 芮鸿程. 联盟型网络组织的动因与运作规则探析 [J]. 财经科学, 2002 (2): 55-58.

[22] 王辑慈. 创新的控件: 企业集群与区域发展 [M]. 北京: 北京大学出版社, 2001.

[23] 仇保兴. 小企业集群研究 [M]. 上海: 复旦大学出版社, 1999.

[24] 王玲, 张金成. 论供应链的网络组织特性 [J]. 物流技术, 2006 (12): 60-63.

[25] 联合国跨国公司中心. 再论世界发展中的跨国公司 [M]. 北京: 商务印书馆, 1982.

[26] 高茜, 徐蕾. 跨国公司网络组织结构与知识流动过程分析 [J]. 经济问题探索, 2004 (11): 132-133.

[27] 拜瑞·J·内勒巴夫, 亚当·M·布兰登勃格. 合作竞争 [M]. 合肥: 安徽人民出版社, 2000.

[28] 史占中. 企业战略联盟 [M]. 上海: 上海财经大学出版社, 2001.

[29] 李翀. 论社会分工、企业分工和企业网络分工——对分工的再认识 [J]. 当代经济研究, 2005 (2): 17-22.

[30] 颜泽贤, 陈忠, 胡皓. 复杂系统演化论 [M]. 北京: 人民出版社, 1993.

[31] 芮鸿程. 网络组织的形成与运作机理研究 [J]. 学术界, 2001 (3): 202-208.

[32] 孙国强, 叶佑晋. 网络组织的形成动因及其理论阐释 [J]. 山西财经大学学报, 2002, 24 (3): 40-42.

[33] 李维安. 网络组织: 组织发展新趋势 [M]. 北京: 经济科学出版社, 2003.

[34] 陈福添, 颜光华. 网络组织研究述评 [J]. 淮阴工学院学报, 2006, 15 (6): 1-5.

[35] 麦克尼尔. 新社会契约论 [M]. 北京: 中国政法大学出版社, 1994.

[36] Richardson G B. The Organization of industry [J]. Economic Journal, 1972 (82):

883 – 896.

[37] 陈守明. 现代企业网络 [M]. 上海：上海人民出版社, 2002.

[38] Axlord. The complexity of cooperation [M]. Princeton university press, 1997.

[39] Gulati R. Does familiarity breed trust? The implication of repeated ties for contractual choice in alliances [J]. Academy of Management Journal, 1995, 38 (1)：85 – 112.

[40] Bourdieu P. Distinction [M]. London：Routledge and Kegan Paul, 1984.

[41] Coleman J S. Social capital in the creation of human capital [J]. American Journal of Sociology, 1988, 94：95 – 121.

[42] R. S Burt. Structural holes：the social structure of competition [M]. MA：Harvard University Press, 1992.

[43] 孙晋众，陈世权. 基于多 Agent 的网络组织智能管理系统 [J]. 商业研究, 2005 (18)：1 – 4.

[44] 杨桂菊. 基于社会资本理论的网络组织演化机制新阐释 [J]. 软科学, 2007, 21 (8)：5 – 8.

[45] 王耀忠，黄丽华，王小卫. 网络组织的结构及协调机制研究 [J]. 系统工程理论方法应用, 2002, 11 (1)：20 – 23.

[46] 程家健. "新竞争"组织形态企业网络组织的几个问题 [J]. 求实, 2004 (12)：69 – 71.

[47] 苏晓艳，范兆斌. 不完全合约、非正式规则与企业网络组织内部治理机制 [J]. 江苏商论, 2005 (6)：90 – 92.

[48] Warren G Benn. The coming death of bureaucracy [J]. Management Review, 1967, 9 (7)：19 – 24.

[49] 罗仲伟，罗美娟. 网络组织对层级组织的替代 [J]. 中国工业经济, 2001 (6)：23 – 30.

[50] 奥立弗·E·威廉姆森. 资本主义经济制度 [M]. 北京：商务印刷馆, 2002.

[51] 王洪涛，席酉民. 组织中秩序的起源与和谐管理 [J]. 系统理论工程方法应用, 2001, 10 (4)：276 – 279.

[52] 林金忠. 企业组织的经济学分析 [M]. 北京：商务印书馆, 2004.

[53] 汪国银. 企业组织结构演变趋势：层级制还是网络制 [J]. 安徽工业大学学报 (社会科学版), 2009, 26 (6)：45 – 47.

[54] 吴涛. 适应性网络组织：未来的企业组织 [J]. 北京市经济管理干部学院学报, 2000, 15 (2)：16 – 18.

[55] 刘洪. 组织结构变革的复杂适应系统观 [J]. 南开管理评论, 2004, 7 (3)：51 – 56.

[56] 刘洪. 组织变革的复杂适应系统理论 [J]. 经济管理, 2006 (9)：31 – 35.

[57] 斯蒂芬·罗宾斯，孙健敏，李原. 组织行为学 [M]. 北京：中国人民大学出版

社，2005.

[58] Ichak Adizes. Organizational passages：diagnosing and treating life cycle problems of organizations [M]. Organizational Dynamics，1979.

[59] Anderson P. Tushman M L. Technological discontinuities and organizational environments [J]. Administrative Science，1986，31：439 - 465.

[60] Snow C C, Miles R E. Causes for failure in network organizations [J]. California Management Review，1992，34（1）：53 - 57.

[61] 杜龙政，耿剑锋，孙冰．集群式创新的动因、优势及其网络组织的构建与发展 [J]．科技进步与对策，2007，24（2）：69 - 71.

[62] 韩炜，彭正银．企业网络组织异变的内在机理 [J]．经济管理，2008（11）：50 - 54.

[63] 齐延信，吴祈宗．突破性技术创新网络组织及组织能力研究 [J]．中国软科学，2006（7）：147 - 150.

[64] 刘洪，周玲．组织变革的复杂性增长路径 [J]．管理评论，2003，15（12）：52 - 55.

[65] 阮平南，高杰．基于 CAS 理论的网络组织演化研究 [J]．中国管理信息化，2009，12（21）：65 - 67.

[66] 曾国屏．竞争和协同：系统发展的动力和源泉 [J]．系统辨证学学报，1996（3）：9 - 13.

[67] 杜传忠．产业组织演进中的企业合作：兼论新经济条件下的产业组织合作范式 [J]．中国工业经济，2004（6）：14 - 21.

[68] Tsai W. Social structure of "Coopetition" within a multiunit organization：Coordination, competition, and traorganizational knowledge sharing [J]. Organization Science，2002，13（2）：179 - 190.

[69] Bengtsson M, Kock S. Cooperation and Competition in Relationships Between Competitors in Business Network [J]. Journal of Business & Industrial Marketing，1999，14（3）：178 - 191.

[70] Beersmp B, Hollenbeck J R, Humphrey S E, et al. Cooperation, Competition and Team Performance：Toward A Contingency Approach [J]. Academy of Management Journal，2003，146（5）：572 - 590.

[71] Jorde T M, Teece D J. Competition and cooperation：Striking the right balance [J]. California Management Review，1989，31（3）：25 - 37.

[72] 卢福财，周鹏．外部网络化与组织创新 [J]．中国工业经济，2004（2）：101 - 106.

[73] 孙国强．关系、互动与协同：网络组织的治理逻辑 [J]．中国工业经济，2003（11）：14 - 20.

[74] 卢福财,胡平波. 基于竞争与合作关系的网络组织成员间知识溢出效应分析 [J]. 中国工业经济, 2007 (9): 79-86.

[75] Hamel G P, Doz Y L, Prahalad C. Collaborate with your competitors—and win [J]. Harvard Business Review, 1989, 67 (1): 133-139.

[76] 道格拉斯·K·麦克贝思, 尼尔弗格森. 开发供应商伙伴关系: 供应链一体化方案 [M]. 上海: 上海远东出版社, 2000.

[77] 钟德强, 仲伟俊, 梅姝娥, 等. 合作竞争下的供应商数量优化问题研究 [J]. 管理科学学报, 2003, 6 (3): 57-65.

[78] 董敏, 倪卫红, 胡汉辉. 产业集聚与供应链联盟: 两种创新战略的比较研究及发展趋势分析 [J]. 现代经济探讨, 2003 (3): 36-38.

[79] 龚敏, 张婵. 从战略联盟到企业生态群: 企业合作竞争的形态演进研究 [J]. 科技与管理, 2003, 5 (4): 42-45.

[80] 王永平, 孟卫东. 供应链企业合作竞争机制的演化博弈分析 [J]. 管理工程学报, 2004, 2 (18): 96-98.

[81] 黄勇, 邱婷. 集群企业的竞争形态演进分析 [J]. 集团经济研究, 2007 (6Z): 114-116.

[82] 张阁. 产业集群竞合行为及竞争力提升研究 [D]. 博士学位论文, 西安: 西安科技大学, 2009.

[83] 巨荣良. 竞争合作范式与网络化企业组织研究 [M]. 北京: 中国社会科学出版社, 2009.

[84] 平狄克, 鲁宾费尔德. 微观经济学 [M]. 北京: 中国人民大学出版社, 1996.

[85] Maianel S K. Cooperation vs. competition in a spatial model [J]. Regional science and urban Economic, 1999, 29 (4): 463-472.

[86] Hauskenk. Cooperation and between-group competition [J]. Journal of Economic Behavior & Organization, 2000, 42 (3): 417-425.

[87] 孙利辉, 徐寅峰, 李纯青. 合作竞争博弈模型及其应用 [J]. 系统工程学报, 2002, 17 (3): 211-215.

[88] 叶红心, 张朋柱, 孙景乐. 利益群体的动态合作竞争 [J]. 管理工程学报, 2002, 16 (1): 62-65.

[89] 吴昊, 杨梅英, 陈良猷. 合作竞争博弈中的复杂性与演化均衡的稳定性分析 [J]. 系统工程理论与实践, 2004, 24 (2): 90-94.

[90] 卢福财, 胡平波. 网络组织成员合作的声誉模型分析 [J]. 中国工业经济, 2005 (2): 73-79.

[91] 蓝庆新, 韩晶. 网络组织成员合作的稳定性模型分析 [J]. 财经问题研究, 2006 (6): 49-53.

[92] 陈学光,徐金发.网络组织及其惯例的形成:基于演化论的视角[J].中国工业经济,2006(4):52–58.

[93] Levy D. Chaos theory and strategy: theory application and managerial implications [J]. Strategic Management Journal, 1994, 15: 167–178.

[94] 阮平南,张敬文.基于耗散结构理论的战略网络演化机理分析[J].中国流通经济,2007,21(12):22–24.

[95] 周庆,陈剑.基于Swarm的供应链多主体聚集模型及其仿真[J].系统仿真学报,2004,16(6):1308–1313.

[96] 李桂春,李从东,李龙洙.基于CAS的供应链网络结构动态分析[J].工业工程,2005,8(3):23–26.

[97] 申万万,曾建潮,谭瑛,等.基于复杂适应系统的群体组织形成模型及其模拟[J].复杂系统与复杂性科学,2007,4(3):78–86.

[98] 姜晨,谢富纪.组织演化的复杂性研究[J].管理评论,2008,20(10):51–56.

[99] 黄玮强,庄新田,姚爽.企业创新网络的自组织演化模型[J].科学学研究,2009,27(5):793–800.

[100] 赵昌平,王方华,葛卫华.战略联盟的自组织机制研究[J].华中科技大学学报(自然科学版),2004,32(1):114–116.

[101] 金镭.产业集群的形成和演化机制研究:一个基于耗散和突变理论的新视角[D].辽宁:辽宁工程技术大学,2003.

[102] 洪军.网络组织动态博弈分析与复杂性定性仿真研究[D].南京:东南大学,2005.

[103] 卡斯特,罗森茨威克.组织与管理:系统方法和权变方法[M].北京:中国社会科学出版社,1985.

[104] Richard N Osborn, James G Hunt, Lawrence R Jauch. Organization theory: An integrated approach [M]. John Wiley & Sons Inc, 1980.

[105] 朱国云.组织理论历史与流派[M].南京:南京大学出版社,1997.

[106] Rikard Larsson. The handshake between invisible and visible hands [J]. International Studies of Management & Organization, 1993, 23(1): 87–106.

[107] Boje, Robert P Gephart, Tojo Joseph Thatchenkery. Post-modern management and organization theory [M]. London: Sage, 1996.

[108] 刘晓善.后现代组织理论研究综述[J].2007,22(4):55–59.

[109] 理查德·L·达夫特.组织理论与设计[M].大连:东北财经大学出版社,2002.

[110] 刘晓善.基于后现代组织理论的成本管理研究[D].成都:西南财经大学,2007.

[111] 翁君奕. 竞争、不确定性与企业间技术创新合作 [J]. 经济研究, 2002 (3): 53-60.

[112] Easton G, L Aeaujo. Non-economic exchange in industrial network [M]. London: Routledge, 1992.

[113] 汪涛. 竞争的演进: 从对抗的竞争到合作的竞争 [M]. 武汉: 武汉大学出版社, 2002.

[114] 蒋学伟. 持续竞争优势 [M]. 上海: 复旦大学出版社, 2002.

[115] 迈克尔·波特. 竞争优势 [M]. 北京: 华夏出版社, 1997.

[116] Wernerfelt B. A resource-based view of the firm [J]. Strategic Management Journal, 1984, 5: 171-180.

[117] Bamey J B. Firm resources and sustained competitive advantage [J]. Journal of Management, 1991, 17: 99-120.

[118] Collis D, Montgomery C. Competing on resources strategy in the1990s [J]. Harvard Business Review, 1995, 7-8: 118-128.

[119] Prahalad C K, Hamel Gary. The core competence of the corporation [J]. Harvard Business Review, 1995, 5-6: 79-91.

[120] Teeee D J, Pisano G, Sehulze W. Dynamic capabilities and strategic management [J]. Strategie Management Journal, 1997, 18: 509-533.

[121] Axelrod R. The evolution of cooperation [M]. New York: Basic Books, 1984.

[122] Nielsen R P. Cooperative strategy [J]. Strategic Management Journal, 1988, 9: 475-492.

[123] Rchardson G B. The organization of industry [J]. Economic Journal, 1972, 82: 883-896.

[124] Richard P Nielsen. cooperative strategy in marketing [J]. Business Horizons, 1987, 30 (4): 61-68.

[125] Martin Nowka, Karl Sigmund. Tit for tat in heterogenous populations [J]. Nature, 1992, 355: 250.

[126] Hamilton W H. The generical evolution of social behaviour [J]. Journal of Theoretical Biology, 1964, 7: 1-52.

[127] 理查德·道金斯. 自私的基因 [M]. 长春: 吉林人民出版社, 1999.

[128] Axelrod Robert, William Hamilton D. The evolution of cooperation [J]. Science, 1981, 211: 1390-1396.

[129] 张维迎. 博弈论与信息经济学 [M]. 上海: 三联出版社, 1996.

[130] 张朋柱. 合作博弈理论与应用 [M]. 上海: 上海交通大学出版社, 2006.

[131] Ken G Smith, Stephen J Carroll, Susan J Ashford. Intra- and Interorganizational Cooper-

ation: Toward a Research Agenda [J]. The Academy of Management Journal, 1995, 38 (1): 7 – 23.

[132] Peter Smith Ring, Andrew H Van De Ven. Developmental processes of cooperative inter-organizational relationship [J]. The Academy of Management Review, 1994, 19 (1): 90 – 118.

[133] 王群力. 中国制造业企业与跨国公司的合作战略研究 [D]. 济南: 山东大学, 2008.

[134] 黄少安. 经济学研究重心的转移与"合作"经济学构想 [J]. 经济研究, 2000 (5): 60 – 67.

[135] 邹文杰. 企业合作范式演进探析 [J]. 贵州财经学院学报, 2006 (6): 56 – 59.

[136] Lado A A, Boyd N G, Hanlon S C. Competition, cooperation, and the search for economic rents: A syncretic model [J]. Academy of Management Review, 1997, 22 (1): 110 – 141.

[137] Brandenburger A M, Nalebuff B J. Coopetition: A revolutionary mindset that combines competition and cooperation in the marketplace [M]. Boston: Harvard Business School Press, 1996.

[138] Luo Y. Co-opetition in International Business [M]. Copenhagen: Copenhagen Business School Press, 2004.

[139] 刘衡, 王龙伟, 李垣. 竞合理论研究前沿探祈 [J]. 外国经济与管理, 2009, 31 (9): 1 – 8.

[140] Luo Y. Toward coopetition within a multinational enterprise: A perspective from foreign subsidiaries [J]. Journal of world Business, 2005, 40 (1): 71 – 90.

[141] Kotzab H, Teller C. Value-adding partnerships and coopetition models in the grocery industry [J]. International Journal of Physical Distribution & Logistics Management, 2003, 33 (3): 268 – 281.

[142] Walley K. Coopetition: An introduction to the subject and an agenda for research [J]. International studies of Management & Organization, 2007, 37 (1): 11 – 31.

[143] Luo X, Slotegraaf R J, Pan X. Cross-functional "coopetition": The simultaneous role of cooperation and competition within firms [J]. Journal of Marketing, 2006, 70 (1): 67 – 80.

[144] Zineldin M. Coopetition: The organization of the future [J]. Marketing Intelligence & Planning, 2004, 22 (7): 780 – 789.

[145] Quintana-Garcia C, Benavides-Velasco C A. Cooperation, competition, and innovative capability: A panel data of European dedicated biotechnology firm [J]. Technovation, 2004, 24 (12): 927 – 938.

［146］ 任新建. 企业竞合行为选择与绩效的关系研究［D］. 上海：复旦大学，2006.

［147］ Wilkinson I F, Young L C. The space between: The nature and role of interfirm relations in business［C］. AMA Research Conferrence on Relationship Marketing. Emory University, Atlanta, GA: 1994.

［148］ 刘友金，罗发友. 企业技术创新集群行为的行为生态学研究［J］. 中国软科学，2004（1）：68–74.

［149］ 姚耀，骆守俭. 西方组织生态理论研究综述［J］. 上海商学院学报，2006，7（3）：39–43.

［150］ 黄汉民. 企业发展的组织资源能力研究［M］. 北京：中国财政经济出版社，2003.

［151］ Carroll R, Glenn H, Michael T. Density Delay in The Evolution of Organizational Population［J］. Administrative Science Quarterly, 1989, 34（3）：411–431.

［152］ William P, Barnett O S. The red queen in organizational creation and development［J］. Industrial and Corporate Change, 2002, 11（2）：289–325.

［153］ Nelson, Winter. Evolutionary theorizing in economics［J］. Journal of Economic Perspectives, 2002.

［154］ 周清杰. 演化经济学企业理论的基本逻辑与分析框架［J］. 外国经济与管理，2006，28（4）：6–9.

［155］ Barnett W P, Hansen M T. The red queen in organizational evolution［J］. Strategic Management Journal, 1996, 17（S1）：139–157.

［156］ Eggertsson, Thrainn. Economic Institutions and Behavior［M］. Cambridge: Cambridge University Press, 1990.

［157］ Maynard Smith J, Price G R. The logic of animal conflict［J］. Nature, 1973, 246（5427）：15–18.

［158］ 乔根. W. 威布尔. 演化博弈论［M］. 上海：上海人民出版社，2006.

［159］ 克里斯汀. 蒙特，丹尼尔. 塞拉. 博弈论与经济学［M］. 北京：经济管理出版社，2004.

［160］ Taylor P, Jonker L. Evolutionary stable strategies and game dynamics［J］. Mathematical Biosciences, 1978, 40（1–2）：145–156.

［161］ Weibull J W. Evolutionary game theory［M］. Cambridge, MA: The M. I. T. Press, 1995.

［162］ 易余胤，刘汉民. 经济研究中的演化博弈理论［J］. 商业经济与管理，2005，166（8）：8–13.

［163］ 方福康. 复杂经济系统的演化分析//21世纪100个科学难题编写组. 21世纪100个科学难题. 长春：吉林人民出版社，1998：787–792.

[164] Richard Harrison J. Organisations, agents, and the evolution of complexity [J]. Simulation Modeling Practice and Theory, 2006, 14 (4): 339 – 341.

[165] 苗东升. 系统科学精要 [M]. 北京: 中国人民大学出版社, 2006.

[166] Mcquire S, Mckelvery. Complexity theory and management: Moving from fad to firm foundations [J]. Emergence, 1999, 1 (2): 19 – 61.

[167] 何平, 赵子都. 突变理论及其应用 [M]. 大连: 大连理工大学出版社, 1989.

[168] Pruden H O. Catastrophe theory and technical analysis applied to a Cal Tech experiment on irrational exuberance [J]. Managerial Finance, 2005, 31 (31): 38 – 59.

[169] 李琼, 李正文, 蒲勇. 沉积盆地的突变特征及尖点突变模型的应用研究 [J]. 成都理工学院学报, 2001, 28 (1): 64 – 69.

[170] 路应金, 唐小我, 张勇. 供应链产品转移价格突变分析 [J]. 系统工程理论方法应用, 2005, 14 (6): 560 – 563.

[171] 卢奇. 三要素产出函数中技术要素的突变特性研究 [J]. 科学管理研究, 2004, 22 (3): 50 – 51.

[172] Dou W, Ghose S. A dynamic nonlinear model of online retail competition using Cusp Catastrophe Theory [J]. Journal of Business Research, 2006, 59 (7): 838 – 848.

[173] 金观涛, 刘青峰. 兴盛与危机: 论中国封建社会的超稳定结构 [M]. 长沙: 湖南人民出版社, 1984.

[174] 闫莹, 李敏强. 组织演化的复杂性研究 [J]. 北京交通大学学报 (社科版), 2010, 9 (4): 62 – 67.

[175] Achim Oberg, Peter Walgenbach. Hierarchical structures of communication in a network organization [J]. Scandinavian Journal of Management, 2008, 24 (3): 183 – 198.

[176] Stacey R D, Griffin D, Shaw P. Complexity and management: Fad or radical challenge to systems thinking [M]. London: Routledge, 2002.

[177] Bak P, Chen K. Self-organized criticality [J]. Scientific American, 1991, 264 (1): 46 – 53.

[178] Stacey R D. The science of complexity: An alterative perspective for strategic change processes [J]. Strategic Management Journal, 1995, 16 (6): 477 – 495.

[179] Ying Yan, Mingqiang Li. The Evolution Time's Complexity of Network Organization [J]. 2009 International Conference on Information Management, Innovation Management and Industrial Engineering, 2009, 12: 537 – 540.

[180] 侯赟慧, 刘洪. 网络组织中企业的环境适应性分析 [J]. 科学学与科学技术管理, 2008, 29 (1): 108 – 112.

[181] 林润辉. 网络组织的复杂性研究 [C]. 管理科学与系统科学研究新进展. 大连: 大连理工大学出版社, 2001.

[182] Haken H. Advanced Synergetics [M]. Berlin: Springer-Verlag, 1983.

[183] 张勇, 王晓东. 面向技术复杂性创新组织——复杂网络组织 [J]. 技术进步与对策, 2004, 21 (8): 10-12.

[184] Michael R. Lissack. Complexity: the Science, its Vocabulary, and its Relation to Organization [J]. Emergence, 1999, 1 (1): 110-126.

[185] 闫莹, 李祖福. 山西科技发展能力研究: 基于系统动力学 [J]. 技术经济, 2011, 30 (10): 27-29.

[186] 闫莹, 薛媛. 山西农业信息化发展系统动力学研究 [J]. 科技管理研究, 2012, 32 (22): 212-216.

[187] 闫莹, 李敏强. 基于竞合关系的网络组织演化动力学分析 [J]. 系统工程, 2009, 27 (10): 98-103.

[188] Holland J H. Hidden Order: How Adaptation Builds Complexity [M]. MA: Addison-Wesley, 1995.

[189] Maguire S, Mckelvey B. Complexity and management: Moving from fad to firm foundations [J]. Emergence, 1999, 1 (2): 19-43.

[190] Cilliers P. What can we learn from a theory of complexity [J]. Emergence, 2000, 2 (1): 23-33.

[191] 朱江, 伍聪. 基于 Agent 的计算机建模平台的比较研究 [J]. 系统工程学报, 2005, 20 (2): 160-166.

[192] 闫莹. 网络组织成员竞合战略选择的模拟研究 [J]. 北京交通大学学报 (社会科学版), 2014, 13 (1): 71-74.

[193] 叶红心, 薛耀文, 盛昭瀚. 基于成员特征及历史信息的合作意愿度迭代模型 [J]. 中国管理科学, 2004, 12 (4): 102-107.

[194] 易余胤. 高校科研团队成员合作博弈研究 [J]. 暨南学报 (哲学社会科学版), 2009, 31 (6): 138-141.

[195] 杨东升, 张永安. 产学研合作的系统动力学分析 [J]. 北京工业大学学报, 2009, 35 (1): 140-144.

[196] 詹姆斯·多尔蒂, 小罗伯特·普法尔茨格拉夫. 争论中的国际关系理论 [M]. 北京: 世界知识出版社, 1987.

[197] 哈罗德·孔茨, 海因茨·韦里克. 管理学 [M]. 北京: 经济科学出版社, 1996.

[198] 林秉贤. 社会心理学 [M]. 北京: 群众出版社, 1985.

[199] 赵玮. 基于产业集群的企业合作竞争关系研究 [D]. 武汉: 华中科技大学, 2008.

[200] 闫莹, 赵公民. 合作意愿在集群企业获取竞争优势中的作用研究 [J]. 系统工程, 2012 (2): 29-35.

[201] Crouch C, Farrell H. Breaking the path of institutional development? Alternatives to the new determinism [C]. MPIfG Discussion Paper, 2002.

[202] 易余胤. 基于演化博弈论的企业合作与背叛行为研究 [M]. 北京：经济科学出版社, 2010.

[203] Hamel G, Prahalad C K. Strategic intent [J]. Harvard Business Review, 1989, 67 (3): 63 – 76.

[204] Gherardi S, Nicolini D. Learning in a constellation of interconnected practices: Canon or dissonance? [J]. Journal of Management Studies, 2003, 39 (4): 419 – 436.

[205] 李忠华, 詹霞. 产业集群及其社会资本竞争优势演进 [J]. 经济师, 2007 (11): 206 – 207.

[206] 朱海就, 陆立军, 袁安府. 从企业网络看产业集群竞争力差异的原因 [J]. 软科学, 2004, 18 (1): 53 – 56.

[207] Bian Y. Bringing strong ties back in: Indirect ties, network bridges, and job searches in China [J]. American Sociological Review, 1997, 62 (3): 366 – 385.

[208] Szulanski G. Exploring internal stickiness: Impediments to the transfer of best practice within the firm [J]. Strategic Management Journal, 1996, 17 (S2): 27 – 43.

[209] Uzzi B. Social structure and competition in interfirm networks: The paradox of embeddedness [J]. Administrative Science Quarterly, 1997, 42 (1): 35 – 67.

[210] Granovetter M S. The strength of weak ties [J]. American Journal of Sociology, 1973, 78 (6): 1360 – 1380.

[211] 盖翊中. 企业集群演化研究的网络视角 [M]. 北京：经济科学出版社, 2007.

[212] 王晓娟. 知识网络与集群企业竞争优势研究 [D]. 杭州：浙江大学, 2007.

[213] Rothwell R. Successful industrial innovation: critical factors for the 1990s [J]. R&D Management, 1992, 22 (3): 221 – 239.

[214] Syakhroza A, Achjari D. The traditional vs contemporary innovation processes: The pervasive role of networked innovation [J]. Usahawan, 2002, 2 (XXXI): 43 – 47.

[215] Argyris C, D Schon. Organizational learning: A theory of action perspective [M]. Mass: Addison Wesley, 1978.

[216] Powell W W, Brantley P. Competitive cooperation in biotechnology: Learning through networks [C]. Networks and Organizations: structure, Form and Action. Boston: Harvard Business School Press, 1992.

[217] Baptista R, Swann P. Do firms in clusters innovate more? [J]. Research Policy, 1998, 27 (5): 527 – 542.

[218] Slater S F, Narver J C. Market orientation and the learning organization [J]. Journal of Marketing, 1995, 59 (4): 63 – 74.

[219] Barrett F J, Peterson R. Appreciative learning cultures: Developing competencies for global organizing [J]. Organization Development Journal, 2000, 18 (2): 10 – 21.

[220] Mabey C, Salaman G. Strategic Human Resource Management [M]. Oxford: Blackwells, 1995.

[221] Roger J Calantone, Tamer S Cavusgil, Zhao Yushan. Learning orientation firm innovation capability and firm performance [J]. Ind Mark Manage, 2002, 31 (6): 515 – 524.

[222] Nadvi K. Collective efficiency and collective failure: the response of the sialkot surgical instruments cluster to global quality pressures [J]. Quality pressures, 1999, 27 (9): 1605 – 1626.

[223] Keeble D, Lawson C, Moore B. Collective learning processes, networking and "institutional thickness" in the Cambridge region [J]. Regional Studies, 1999, 33 (4): 319.

[224] 张慧, 闫莹. 团购网站核心竞争力测度及提升策略分析 [J]. 商业时代. 2014 (13): 69 – 70.

[225] 迈克尔·波特. 竞争论 [M]. 北京: 中信出版社, 2003.

[226] Martin Bell, Michael Albu. Knowledge systems and technological dynamism in industrial clusters in developing countries [J]. World Development, 1999, 27 (9): 1715 – 1734.

[227] 徐瑞平, 王丽, 陈菊红. 基于知识价值链的企业知识创新动态模式研究 [J]. 科学管理研究, 2005, 23 (4): 78 – 81.

[228] 周佩莹, 袁国栋, 肖洋. 竞争优势与协同知识创新的经济学研究 [J]. 软科学, 2004, 18 (1): 53 – 56.

[229] R Stata. Organizational learning: The key to management innovation [J]. Sloan Management Review, 1989, 30 (3): 63 – 74.

[230] 刘宇翔. 农民专业合作经济组织成员意愿与行为分析 [D]. 杨凌: 西北农林科技大学, 2009.

[231] 陈希敏. 经济落后地区农户金融合作意愿的实证研究 [J]. 中国软科学, 2006 (3): 42 – 49.

[232] 陈冲. 农民参与合作影响因素的实证研究 [J]. 农村经济, 2007 (6): 122 – 124.

[233] 陈学梅, 孟卫东, 谢非, 等. 国际战略联盟伙伴关系的演化博弈分析 [J]. 科技管理研究, 2008, 28 (4): 116 – 117.

[234] 付相君, 彭颖红. 社会网络分析促进组织结构及其知识流优化 [J]. 计算机集成制造系统, 2007, 13 (11): 2169 – 2235.

[235] Hansen M T. The search-transfer problem: the role of weak ties in sharing knowledge

across organization subunits [J]. Administrative Science, 1999, 44 (1): 82 – 111.

[236] Marsden P V, Campbell K E. Measuring tie strength [J]. Social Force, 1984, 63 (2): 482 – 501.

[237] Nooteboom B, Gilsing V A. Density and strength of ties in innovation networks: a competence and governance view [J]. Ecis, 2004, 2 (3): 179 – 197.

[238] Levin D, Cross R. The strength of weak ties you can trust: the mediating role of trust in effective knowledge transfer [J]. Management Science, 2003, 50 (11): 1477 – 1490.

[239] Angela Hausman. Variations in Relationship Strength and Its Impact on Performance and Satisfaction in Business Relationships [J]. Journal of Business & Industrial Marketing, 2001, 16 (7): 600 – 616.

[240] 张玲. 基于社会网络的知识创新对集群企业竞争优势的影响 [D]. 长春: 吉林大学, 2008.

[241] 潘松挺. 网络关系强度与技术创新模式的耦合及其协同演化 [D]. 杭州: 浙江大学, 2009.

[242] Stata, R. Organizational learning-the key to management innovation [J]. Sloan Management Review spring, 1989: 63 – 73.

[243] Stabler S G, Ewaldt J W. Simulation Modeling and analysis of complex learning processes in organization [J]. Accounting, Management and Information Technologies, 1998, 8 (4): 255 – 263.

[244] 黄健. 造就组织学习力 [M]. 上海: 上海三联书店, 2003.

[245] C Argyris, D A Schon. Organizational learning [M]. MA: Addison-Wesley, 1978.

[246] Weick K E, Roberts K H. Collective mind in organizations: Heedful interrelating on flight decks [J]. Administrative Science Quarterly, 1993, 38 (3): 357 – 381.

[247] Huber G P. Oganizational learning: the contributing process and the literatures [J]. Organization Science, 1991 (1): 88 – 115.

[248] 陈国权, 马萌. 组织学习的过程模型研究 [J]. 管理科学学报, 2000, 3 (3): 15 – 23.

[249] 和金生. 知识管理与知识发酵 [J]. 科学学与科学技术管理, 2002, 23 (3): 63 – 66.

[250] F Betz. Strategy Technology Management [M]. New York: McGraw-Hill, 1993.

[251] Marquis D G. The anatomy of successful innovation [M]. Cambridge: Winthrop Publishers, 1969.

[252] Gregory N Stock, Noel P Greis, William a Fischer. Firm size and dynamic technological innovation [J]. Technovation, 2002, 22 (9): 537 – 549.

[253] Gemünden H G, Ritter T, Heydebreck P. Network configuration and innovation success: an empirical analysis in German high-tech industries [J]. International Journal of Research in Marketing, 1995, 13 (5): 449-462.

[254] Schumann P A, Prestwood D C, Tong A H, et al. Innovate: Straight path to quality customer delight & competitive advantage [M]. New York: McGraw-Hill, 1994.

[255] Betz F. Managing technological innovation: Competitive advantage from change [M]. 3rd ed. New York: John Willey & Sons, 2001.

[256] 韦影. 企业社会资本对技术创新绩效的影响: 基于吸收能力的视角 [D]. 杭州: 浙江大学, 2005.

[257] 张方华. 知识型企业的社会资本与技术创新绩效研究 [D]. 杭州: 浙江大学, 2005.

[258] 许冠南. 关系嵌入性对技术创新绩效的影响研究 [D]. 杭州: 浙江大学, 2008.

[259] Hitt M A, Hoskisson R E, Kim H. International diversification: effects on innovation and firm performance in product-diversified firms [J]. Academy of Management Review, 1997, 40 (4): 767-798.

[260] Chander G N, S H Hanks. Measuring the performance of emerging businesses: A validation study [J]. Journal of Business Venturing, 2005, 8 (5): 391-408.

[261] Veiner N, Mahoney T. A model of corporate performance as a function of environmental, organizational, and leadership influences [J]. Academy of Management Journal, 1981, 24 (3): 453-470.

[262] Ma Hao. Competitive advantage and firm performance [J]. Competitiveness Review, 2000, 10 (2): 15-32.

[263] Hoffman N P. An examination of the "sustainable competitive advantage" concept: past, present and future. [2017-1-5]. http://www.amsreview.org/articles/hoffmano4-2000.pdf.

[264] Durand R. Competitive advantages exist: A critique of Powell [J]. Strategic Management Journal, 2010, 23 (9): 867-872.

[265] 张胜, 路风. 企业竞争范围与竞争优势的源泉: 企业能力范式的解释 [J]. 世界经济, 2003 (9): 56-61.

[266] 吴结兵. 基于企业网络结构与动态能力的产业集群竞争优势研究 [D]. 杭州: 浙江大学, 2006.

[267] 马庆国. 管理科学研究方法 [M]. 北京: 高等教育出版社, 2008.

[268] 李怀祖. 管理研究方法论 [M]. 2版. 西安: 西安交通大学出版社, 2004.

[269] Nunnally J C. Psychometric theory. 2nd ed. [M]. New York: McGraw-Hill, 1978.

[270] Nunnally J C, Bernstein L H. Psychometric theory. 3rd ed. [M]. New York:

McGraw-Hill, 1994.

[271] 林嵩. 结构方程模型原理及 AMOS 应用 [M]. 武汉：华中师范大学出版社, 2008.

[272] 侯杰泰. 结构方程模型及其应用 [M]. 北京：教育科学出版社, 2004.

[273] 吴明隆. 结构方程模型 AMOS 的操作与应用 [M]. 重庆：重庆大学出版社, 2009.

[274] 荣泰生. AMOS 与研究方法 [M]. 重庆：重庆大学出版社, 2009.

[275] William J Doll, Weidong Xia, Gholamreza Torkzadeh. A confirmatory factor analysis of the end-user computing satisfaction instrument [J]. MIS Quarterly, 1994, 18 (4)：453 – 461.

[276] Bagozzi R P, Yi Y. On the evaluation of structural equation models [J]. Journal of the Academy of Marketing Science, 1988, 16 (1)：74 – 94.

[277] 赵公民，王仰东，闫莹. 基于社会网络的高技术服务质量研究 [J]. 科技进步与对策, 2013, 30 (8)：78 – 82.

[278] 胡斌，李旭芳. 复杂多变环境下企业生态系统的动态演化及运作研究 [M]. 上海：同济大学出版社, 2013.

[279] 闫莹, 陈建富. 网络关系强度与产业集群竞争优势关系的实证研究 [J]. 软科学, 2010, 22 (12)：43 – 47.

[280] 宋耘，姚凤，唐秋粮. 网络能力对企业产品升级影响的实证研究 [J]. 学术研究, 2013 (9)：66 – 72.

[281] 李纲，陈静静，杨雪. 网络能力、知识获取与企业服务创新绩效的关系研究：网络规模的调节作用 [J]. 管理评论, 2017, 29 (2)：59 – 68.

[282] Hakansson. Industrial Technological Development：a Network Approach [J]. London：Croom Helm, 1987.

[283] Ritter. The Networking Company：Antecedents for Coping with Relationship and Networks Effectively [J]. Industrial Marketing Management, 1999, 28 (5)：467 – 479.

[284] 徐金发，许强，王勇. 企业的网络能力剖析 [J]. 外国经济管理, 2001, 11 (23)：21 – 25.

[285] 邢小强，全允桓. 网络能力：概念、结构与影响因素分析 [J]. 科学学研究, 2006, 24 (a02)：58 – 63.

[286] 任胜钢. 企业网络能力结构的测评及其对企业创新绩效的影响机制研究 [J]. 南开管理评论, 2010, 1 (13)：69 – 80.

[287] 朱秀梅，陈琛，蔡莉. 网络能力、资源获取与新企业绩效关系实证研究 [J]. 管理科学学报, 2010, 13 (4)：44 – 56.

[288] Moller K, Svahn S. Role of Knowledge in Value Creation in Business Nets [J]. Journal

of Management Studies, 2006, 43 (5): 985 - 1007.

[289] Hagedoorn J, Roijakkers N, Kranenburg H. Inter-Firm R&D Networks: The Importance of Strategic Network Capabilities for High-Tech Partnership Formation [J]. British Journal of Management, 2006, 17 (1): 39 - 53.

[290] 王海花, 谢富纪. 企业外部知识网络能力的结构测量: 基于结构洞理论的研究 [J]. 中国工业经济, 2012 (7): 134 - 146.

[291] 方刚. 网络能力结构及对企业创新绩效作用机制研究 [J]. 科学学研究, 2011, 29 (3): 461 - 470.

[292] 范钧, 王进伟. 网络能力、隐性知识获取与新创企业成长绩效 [J]. 科学学研究, 2011, 29 (9): 1365 - 1373.

[293] 范钧, 郭立强, 聂津君. 网络能力、组织隐性知识获取与突破性创新绩效 [J]. 科研管理, 2014, 35 (1): 16 - 24.

[294] 宋晶, 陈菊红, 孙永磊. 网络能力与合作创新绩效的关系研究: 文化异质性的作用 [J]. 管理评论, 2015, 27 (2): 35 - 42.

[295] Arrow, K J. The Economic Implications of Learning by Doing [J]. The Review of Economic Studies, 1962, 29 (3): 155 - 173.

[296] Christine W S, Devinney T M, Midgley D F. The Process of Knowledge Creation in Organizations [J]. Organization Studies, 2004 (23): 18 - 19.

[297] Norman P M. Knowledge Acquistion, Knowledge Loss, and Satisfaction in High Technology Alliance [J]. Journal of Business Research, 2004, 57 (6): 610 - 619.

[298] 李艳华. 中小企业内、外部知识获取与技术能力提升实证研究. 管理科学, 2013 (5): 19 - 29.

[299] 杨潇. 企业网络对技术创新绩效的影响机制研究: 显性知识与隐性知识获取的中介效应 [D]. 浙江: 浙江工业大学, 2011.

[300] 张方华, 左田园. FDI集群化背景下本土企业的网络嵌入与创新绩效研究 [J]. 研究与发展管理, 2013, 25 (5): 70 - 80.

[301] 闫莹, 赵公民. 知识密集型服务业创新能力结构研究 [J]. 科技进步与对策, 2011, 28 (2): 78 - 82.

[302] 孙玉肖, 闫莹. 大中型工业企业技术创新效率的地区差异研究——基于产学研合作视角 [J]. 武汉理工大学学报 (社科版), 2013, 26 (4): 557 - 563.

[303] 孙玉肖, 闫莹. 区域工业企业技术创新能力的影响因素研究 [J]. 中北大学学报 (社科版), 2013, 29 (4): 45 - 48.

[304] 熊彼特. 熊彼特: 经济发展理论 [M]. 北京: 中国画报出版社, 2012.

[305] 彼得·德鲁克. 创业精神与创新: 变革时代的管理原则与实践 [M]. 北京: 工人出版社, 1989.

[306] 王秋菊. 技术创新政策内涵的研究述评 [J]. 辽宁行政学院学报, 2011, 13 (2): 37-40.

[307] 粟进, 宋正刚. 科技型中小企业技术创新的关键驱动因素研究: 基于京津 4 家企业的一项探索性分析 [J]. 科学学与科学技术管理, 2014, 5 (35): 156-163.

[308] 马刚. 基于战略网络视角的产业区企业竞争优势实证研究 [D]. 杭州: 浙江大学, 2005.

[309] Capaldo. External Technology Sourcing: Evidence from Design-Driven Innovation [J]. Management Decision, 2005, 49 (6). 962-983.

[310] Tsai K H, Wang J C. External Technology Sourcing and Innovation Performance in Lmt Sectors: An Analysis Based on the Taiwanese Technological Innovation Survey [J]. Research Policy, 2009, 38 (3): 518-526.

[311] 陈劲, 吴波. 开放式创新下企业开放度与外部关键资源获取 [J]. 科研管理, 2012, 33 (9): 10-20.

[312] 魏智卿, 王伟. 隐性知识转移对技术创新的影响研究: 以华为为例 [J]. 郑州航空工业管理学院学报. 2013, 31 (1): 87-90.

[313] Möller K K, Halinen A. Business Relationships and Networks: Managerial Challenge of Network Era [J]. Industrial Marketing Management, 1990, 28 (5): 413-427.

[314] 唐未兵, 傅元海, 王展祥. 技术创新、技术引进与经济增长方式转变 [J]. 经济研究, 2014 (7): 31-40.

[315] 孙玉肖, 闫莹. 山西农业信息服务体系建设的 SWOT 研究 [J]. 科技管理研究, 2013, 33 (1): 90-94.

[316] 张慧, 闫莹. 平台生态圈下团购网站运营效率及影响因素研究 [J]. 商业时代, 2014 (30): 57-59.

[317] 李娜, 闫莹. 煤炭企业社会责任履行评价 [J]. 煤炭技术, 2017, 36 (4): 340-342.

附 录 调查问卷

调查问卷一

尊敬的先生/女士：

您好！非常感谢您能在百忙之中抽出时间填写问卷，协助我们进行关于利用网络关系获得竞争优势的研究！本调查旨在了解企业的基本情况及企业利用网络关系获得竞争优势的相关信息，为企业进行网络关系的管理提供理论指导。问卷答案没有对与错，若有某个问题未能完全表达您的意见时，请打钩选择最接近您的看法的答案，您的回答对我们的研究结论非常重要。本问卷采用匿名调查方式，内容不涉及贵企业的商业机密问题，所获得的数据仅供学术研究之用，我们将恪守科学研究道德规范，不以任何形式向任何人泄露有关企业的信息。请您放心并客观地填写！

第一部分 企业基本情况（请根据实际情况填空并在合适的"□"内打"√"）

Q1-01 贵企业的名称：_____

Q1-02 贵企业2008年和2009年的销售收入（单位：人民币）：
□均在100万以上　　□至少一年在100万以下

Q1-03 贵企业现有员工人数（单位：人）：
□50~100　　□101~200　　□201~500　　□500以上

Q1-04 贵企业成立的年限（单位：年）：
□10以下　　□10~20　　□20以上

Q1-05 贵企业的性质：
□国有企业　　□中外合资企业　　□民营企业

第二部分 影响产业集群企业竞争优势的因素调查

说明：请以贵企业为对象，对下列相关项目描述进行评价，并在您认为合适的数值上打"√"。

一、合作意愿

序号	题项	极不符合↔极符合									
t1	根据历史合作信息,认为产业集群中其他企业可信任的程度高。	1	2	3	4	5	6	7	8	9	10
t2	贵企业在产业集群中与其他企业结成战略联盟的需求程度高。	1	2	3	4	5	6	7	8	9	10
t3	贵企业与产业集群中其他企业合作前,对合作可增加收益的预期高。	1	2	3	4	5	6	7	8	9	10

二、网络关系强度

序号	题项	极不符合↔极符合									
t4	贵企业在产业集群中的合作是一个双赢关系。	1	2	3	4	5	6	7	8	9	10
t5	贵企业在产业集群进行的是多项目全面合作。	1	2	3	4	5	6	7	8	9	10
t6	贵企业在产业集群内交流合作频繁。	1	2	3	4	5	6	7	8	9	10
t7	贵企业在产业集群内合作关系存在许多年。	1	2	3	4	5	6	7	8	9	10

三、组织学习

序号	题项	极不符合↔极符合									
t8	在产业集群内,贵企业可以通过企业彼此间交流,知识扩散到各个层面。	1	2	3	4	5	6	7	8	9	10
t9	在产业集群内,贵企业可以通过知识传播和演变,达到知识增值和有效应用。	1	2	3	4	5	6	7	8	9	10
t10	在产业集群内,贵企业可以将其他企业的知识转化为企业自身的知识。	1	2	3	4	5	6	7	8	9	10
t11	在产业集群内,贵企业可以调整知识结构,组成符合企业发展的知识体系。	1	2	3	4	5	6	7	8	9	10

四、技术创新

序号	题项	极不符合↔极符合									
t12	相比产业集群内同行业企业，贵企业新技术开发成功率高。	1	2	3	4	5	6	7	8	9	10
t13	相比产业集群内同行业企业，贵企业开发新产品难以被模仿的程度高。	1	2	3	4	5	6	7	8	9	10
t14	相比产业集群内同行业企业，贵企业通过改进的工艺和流程可以很大程度上降低生产成本。	1	2	3	4	5	6	7	8	9	10

五、竞争优势

序号	题项	极不符合↔极符合									
t15	贵企业总销售收益率与同行业平均水平相比高。	1	2	3	4	5	6	7	8	9	10
t16	贵企业劳动生产率与同行业平均水平相比高。	1	2	3	4	5	6	7	8	9	10
t17	顾客对贵企业产品的满意程度高。	1	2	3	4	5	6	7	8	9	10

非常感谢您完成此问卷，祝贵企业兴旺发达！

调查问卷二

尊敬的先生/女士：

您好！非常感谢您能在百忙之中抽出时间填写问卷，协助我们进行关于利用网络关系获得竞争优势的研究！本调查旨在了解企业的基本情况及企业利用网络关系获得竞争优势的相关信息，为企业进行网络关系的管理提供理论指导。问卷答案没有对与错，若有某个问题未能完全表达您的意见时，请打钩选择最接近您的看法的答案，您的回答对我们的研究结论非常重要。本问卷采用匿名调查方式，内容不涉及贵企业的商业机密问题，所获得的数据仅供学术研究之用，我们将恪守科学研究道德规范，不以任何形式向任何人泄露有关企业的信息。请您放心并客观地填写!

第一部分　企业基本情况（请根据实际情况填空并在合适的"□"内打"√"）

　　Q1-01　贵企业的名称：_____

　　Q1-02　贵企业所属行业：

　　□服务型行业　　□生产制造行业　　□其他行业

　　Q1-03　贵企业现有员工人数（单位：人）：

　　□50~100　　□101~200　　□201~500　　□500以上

　　Q1-04　贵企业成立的年限（单位：年）：

　　□10以下　　□10~20　　□20以上

　　Q1-05　贵企业的性质：

　　□国有企业　　□中外合资企业　　□民营企业

第二部分　影响企业技术创新的因素调查

说明：请以贵企业为对象，对下列相关项目描述进行评价，并在您认为合适的数值上打"√"。

一、网络构建能力

序号	题项	非常不同意↔非常同意				
t1	贵企业积极寻求合作机会。	1	2	3	4	5
t2	贵企业充分利用关系资源构建关系网络。	1	2	3	4	5
t3	贵企业通过商业协会等中介构建关系网络。	1	2	3	4	5
t4	贵企业与上下游企业建立了良好的合作制度。	1	2	3	4	5
t5	贵企业建立了争端解决机制。	1	2	3	4	5

二、网络管理能力

序号	题项	非常不同意↔非常同意				
t1	贵企业积极鼓励员工交流。	1	2	3	4	5
t2	贵企业积极参加行业会议。	1	2	3	4	5
t3	贵企业曾与合作伙伴资源互换。	1	2	3	4	5
t4	贵企业能够协商解决矛盾。	1	2	3	4	5
t5	贵企业建立信任机制。	1	2	3	4	5

三、网络利用能力

序号	题项	非常不同意↔非常同意				
t1	贵企业经常与其他企业开展合作。	1	2	3	4	5
t2	贵企业实现资源共享。	1	2	3	4	5
t3	贵企业重视信息交流。	1	2	3	4	5
t4	贵企业积极开展技术合作。	1	2	3	4	5
t5	贵企业能充分利用企业网络信息。	1	2	3	4	5

四、知识获取

序号	题项	非常不同意↔非常同意				
t1	贵企业能获取市场开发信息。	1	2	3	4	5
t2	贵企业能获取新产品信息。	1	2	3	4	5
t3	贵企业能获取企业营销信息。	1	2	3	4	5
t4	贵企业能获取竞争者信息。	1	2	3	4	5

五、企业技术创新

序号	题项	非常不同意↔非常同意				
t1	贵企业新产品数量增长快。	1	2	3	4	5
t2	贵企业技术改进创新速度快。	1	2	3	4	5
t3	贵企业创新产品销售额高。	1	2	3	4	5

非常感谢您完成此问卷，祝贵企业兴旺发达！

后　　记

　　实践已经表明，竞合在经济中普遍存在，越来越多的企业进入企业网络合作竞争。本书试图通过探寻网络组织的演化规律，理解合作竞争对网络组织发展的影响作用，以期为管理企业网络，规划布置战略，促进企业健康运行，网络成员共同进化，最终实现企业与企业网络的可持续发展提供参考。在多年对产业集群企业的大量调查访问、在国内外网站查找信息资料的基础上，经过不断地积累，完成了博士学位论文。后期经过整理，增加了部分实证分析内容，但是因作者认识和知识积累有限，对于网络组织演化出现的新情况未能详细阐述。希望能够在今后的研究和实践中，继续对这些新变化开展更深入的分析、总结和研究，从中探索一些新的发展规律，找到一些新的管理方法，对本书做进一步完善和补充。

　　本书是 2012 年度教育部人文社会科学研究青年基金项目"基于合作竞争的网络组织演化研究"（项目编号：12YJC63025）的研究成果，是作者多年网络组织研究成果的结晶。本书同时得到了 2011 年国家软科学研究计划项目"产业集群合作竞争机制研究"（项目编号：2011GXQ4D034）的支持。本书的完成离不开政府各部门、相关院校和企业的鼎力支持。

　　首先，感谢教育部人文社会科学研究青年项目的支持。作为一名普通高校教师能获得教育部人文社会科学研究青年项目的立项，深感荣幸。良好的研究环境和充足的经费支持为本书的理论和实证研究提供了便利条件，同时也培育了一个研究团队。

其次，感谢中北大学经济与管理学院赵公民教授的信任。赵教授严谨的治学态度、独特的人格魅力、高屋建瓴的观点吸引我加入其团队，参加了其国家软科学研究计划的研究。团队成员帮我找了很多具有参考价值的文献，并积极配合我开展调查，与赵老师的交流讨论使我受益匪浅。

再次，感谢我的博士生导师天津大学李敏强教授的悉心指导。李老师的言传身教和耳提面命，不断激发我在学术殿堂中保持着高昂的学术热忱和敏感，每一次聆听他的教诲都启发我涌现出更多的想法。李老师不仅给我学术生命，还是我为人处事的榜样，他对学生的宽厚及积极进取的态度时刻感染着我，他超越问题本身的智慧更是让我在折服钦佩之余受益良多。

最后，感谢中北大学经济与管理学院各位领导的支持。感谢王文寅教授的支持和鼓励，加上学院良好的科研政策，本书历经数月，反复修改，最终成稿。感谢副院长张克勇教授和彭佑元副教授多次对本书的撰写提出的宝贵建议。

本书的写作过程也受到了我博士同学们、同事们和家人们的支持和帮助，在此一并感谢。

网络组织的演化还在持续，对该领域的研究还需不断摸索、总结和完善，加之学识所限，书中不妥之处，敬请学术界的前辈、专家和广大读者惠予批评、指正和帮助。